死ぬ気で自分を愛しなさい

Love Yourself Like Your Life Depends on It　by Kamal Ravikant

カマル・ラヴィカント

野津智子【訳】

河出書房新社

はじめに――なぜこの本を読むのか

実は、もう少しで本書（オリジナル版）を世に出さずに終わるところだった。出版するなんて恐ろしくてできない、と思っていたのだ。創業した会社がつぶれ、私はCEOとして精神的にぼろぼろになっていた。そんな私が「自分をまるごと愛すれば救われる」などと言ったところで、笑われるのが落ちだし、キャリアもおしまいだ。私はそう思っていた。

だが、恐れる気持ちを乗り越え、私は自分が学んだ真実を本にしてみんなに伝えた。その結果起きたことによって、驚《おどろ》くほど人生が変わった。

本は口コミでまたたく間《ま》に広がった。世界中の素晴らしい人たちが、オンラインやソーシャルメディアで取り上げてくれた。友人や家族のぶんも購入してくれたり、心温まるレビューを書いてくれたりもした。なかには、この本によって文字どおり命を落とさずにすんだ人もいた。初めて自分を愛せるようになった人もいた。

危うく、恐怖心に負けるところだった。負けなくてよかったと、私は心から思った。

多くの読者が連絡をくれ、本を日常のなかでどのように役立てているかを教えてくれた。質問もいろいろ受けた。それでわかったのは、大勢に読んでもらっているとはいえ、内容的にまだ十分ではないということだった。末永く影響をもたらしていくためには、もっと深く掘り下げ、さらに大勢にシェアしてもらう必要があった。私には、この本に対してそうする義務があった。読んでくれるすべての人に対して責任があった。

そのような次第で、オリジナル版から7年経ってこの第2版を出すことになった。寄せられた疑問も、すべて解決した。読み終える頃には、自分を愛することに全力を注げるようになるだけでなく、その確かな方法を知ってもらえるだろう。なにより、どうすればこの先ずっと自分を愛してゆけるかを知ってもらいたい。

第1部「誓《ちか》い」は、オリジナル版の増補版と言える。私がどん底にあったとき、誰《だれ》かに教えてもらえていたらよかったと思うことを書いている。無意味なことや読む価値のないものは、ひとつもない。あるのは、シンプルで実際に役立つ真実のみ。読めば、あなたは人生を変えられるはずだ。

第2部「自分を愛する方法」は、本書を出すにあたって新たに書いた。数年にわたり、工夫に工夫を重ねて自分をまるごと愛するようになった、そのプロセスをお話ししよう。さらに、次の段階へステップアップする方法も説明する。ここで紹介することはいずれも、簡単でありながら高い効果をあげる。ひとことで言えば、自分を愛する方法を、段階的に説明するガイドブックだ。そしてやはり、あのとき誰かに教えてもらえていたらどんなによかっただろうと思うことである。

同じく本書のために新たに書いた第3部「学び」は、最悪の状態にあったときの記録だ。本書の内容すべてを、私がどのように使って自分を癒《い》やし、そして復活したかを洗いざらいお話しする。心身の変化をはじめ、適切だった行動、さらには犯してしまった過《あやま》ちについても書いている。人間はストーリーを読んで学ぶことがよくあるので、私が変わっていったプロセスをつぶさに知ることは、あなたが変わるために役立つだろう。

「自分のすべてを愛する」と誓う前後で、私の人生は天と地ほども違う。これほど素晴らしい生き方はほかにない。どうか試してみてほしい。きっと変われるから。

死ぬ気で自分を愛しなさい　目次

第2部　自分を愛する方法

死ぬ気で自分を愛しなさい

ジェームズ、クリスティン、サージド、サル、シドニー、そしてギデオンに。
この本を完成できたのは、きみたちのおかげだ。ありがとう。

第1部

誓い

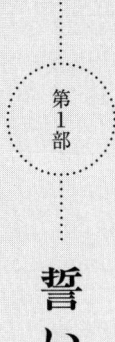

心を決める

　２０１１年12月、私はサウスカロライナ州チャールストンで開催された「ルネッサンス・ウィークエンド」に参加した。名前から想像されるような会ではなく、一騎打ちする騎士《きし》も見目麗《みめうるわ》しい乙女《おとめ》もいない。集まったのは、シリコンバレーとニューヨークのＣＥＯ、ロサンゼルスのハリウッド関係者、ワシントンの政治家とその補佐役たちだ。ＴＥＤに似ているが、全員が公開討論会に参加するか、さもなくばスピーチをすることになっている。出席者は受賞歴があり、みんなから一目置かれる人ばかりだった。実のところ、ノーベル賞受賞者もいた。

　私には、これといった受賞経験がない。立派な経歴もない。名刺に、ゴールドマン・サックスやモルガン・スタンレーの文字があるわけでもない。そんな私のスピーチのテーマは「もし、どんなことでもできるなら」だった。ルネッサンス・ウィークエンドの創設者は聴衆に向かって、次のように私を紹介した。

「カマルは片時《かたとき》もじっとしていられません。アメリカ陸軍の歩兵になったり、ヒマラヤの山を登ったり、スペイン巡礼《じゅんれい》の旅をしたり、とにかく絶《た》えず行動しています」

彼はよく調べていた。ほかに何を紹介されたかは忘れたが、結びの言葉は覚えている。

「彼はきっと、興味深いことを話してくれるに違いありません」

私が演壇に登って話し始めるまでには、きっかり2分あった。聴衆は科学者をはじめ、国防総省当局者、政治家、CEOたちだ。皆、およそどんなテーマについても、私など足元にも及《およ》ばないみごとなスピーチをする。私の前の話し手は、マサチューセッツ工科大学(MIT)を史上最年少で卒業した人だった。言うまでもなく、最優等で卒業した。

こういうときには、実にいろいろな思いが頭をよぎる。すべてがスローモーションのようになる。もっとも、それは珍しいことではない。演壇とマイクしか見えなくなる。段を上がる。聴衆の姿が、ピンぼけした写真のように、ぼやけて見える。計時が始まる。

次に何をすればいいかはわかっていた。ほかの誰にも話せないことを話すのだ。私の「真実」を。純粋に経験から学んだこと、自分の救いとなったことを。聴衆の姿がはっきり見えてくる。

「もし、どんなことでもできるなら」と、私はマイクに向かって話し始めた。「生きていくうえでの秘訣《ひけつ》を、みなさんに話します」

聴衆のあいだから笑いが起きる。

「ほんの数カ月前に、私はそれを知りました」

続く2分間に、私は前年の夏のことを語った。あの夏、私は体調をひどく崩《くず》し、寝たきりに近い状態だった。4年前にゼロから立ち上げた会社が破綻《はたん》し、恋人と別れ、大親友が急逝《きゅうせい》した。

「気が滅入《めい》っていたという程度なら、よかったのですが」と私は言った。

そして聴衆に、遅くまで起きていたあの夜のことを語った。フェイスブックを見ていて、急逝した女友だちの写真を目にし、声をあげて泣いたこと。彼女の死に打ちのめされ、絶望すら感じたこと。さらに翌朝目が覚めたとき、もうこれ以上は耐えられないと思い、自分に対してある誓いを立て、それを境にすべてが変わったことも。数日のうちに、私は回復の方向へ転じた。体調も、気持ちも。しかしながら**私が目を見はったのは、人生がひと**

りでに上向いたことだった。ひと月と経たない間《ま》に、見違えるようになっていたのだ。ただ、自分に対して立てた誓いだけは変わらず、私はその誓いを守り続けていた。

スピーチを終えて会が終了するまでのあいだに、次から次へと人が来て、私の話がどれほど大きな意味があったかをそれぞれ語ってくれた。ある女性は、多くの聴衆のひとりとしてスピーチに耳を傾けるうちに、自分が今日ここへ来たのはこの話を聞くためだったのだと悟《さと》ったと述べた。私は、自分が学んだ真実を語っただけだったのだけれども。

ひと月後、ある友人が苦しい事態に陥《おちい》りそうになった。すぐさま私は、あの夏の経験を詳しく書き、友人に送った。結果、友人は事なきを得た。数カ月して、私はそのことを電子メールに書き、親しい友人でいちばん好きなブロガーでもあるジェームズ・アルタチャーに送った。返信に、私のメールをゲスト投稿とし、ブログで特集を組みたいとあった。

むろん、私は辞退した。

正直に言えば、とんでもないと思って慌《あわ》てていた。ジェームズのブログは私の友人も大勢読んでいる。それに私はシリコンバレーの起業家だ。スタートアップについて書いたのならいい。だが、そのメールの内容は……。

「きみはオーケーと言うべきだ」と、次の返信にジェームズが書いていた。「これ以外にどんな大切なメッセージがあるっていうんだ」

私はジェームズに不安を訴《うった》えた――みんなにどう思われるか心配でたまらない、と。それに対して彼がくれた答えを、私は決して忘れないし一生感謝する。

「もし、議論の的にならず、すべての人に支持されることしか書けないなら、僕は今ごろブログなんてやってないよ」

それを聞いて、心が決まった。私は学んだこと、実践したこと、成功した方法と失敗した方法について、ずっとメモをとり続けていた。それらを1冊のノートにまとめて、ジェームズに送ることにした。彼に素晴らしいと言ってもらえたら、出版しようと思って。

かくて本書が世に出ることになった。

何よりも大切なこと

「自分を愛する」。同じことは、母親も言ってくれたし、自己啓発書でも再三、繰《く》り返されている。だが、ここではちょっと違う。自分を愛するというのは、口先だけの約束ではない。手間いらずの手軽な取り組みでもない。それは、私が魂で感じて学んだこと、まぎれもなく私をどん底から復活させてくれたことだ。そして強く伝えたい――私がどうやって自分を愛するようになったかを。自分を愛することが、実のところ拍子抜けするほどシンプルであることを。ただし、シンプルさのなかに真実がある。単純さのなかにパワーがある。

友人に送ったノートをもとに完成した本書には、私が学んだこと、成果の出たこと、出なかったことについての考えを集約している。私は日々、成功もすれば失敗もする。

賢明《けんめい》な友人がよく私に言うように、これはトレーニングだ。一度もジムに行かずに体を鍛《きた》えているとは言えないだろう。それはここでも同じこと。瞑想《めいそう》は、トレーニングだ。ワークアウト（筋トレ）もまた然《しか》り。そして、おそらくほかの何より大切な「自分の全存在を愛する」ことも、日々積み重ねていくトレーニングなのである。

つまり、こういうことだ。もし今、**崖《がけ》に手をかけてぶら下がっていたら、あなたは死に物狂いで崖のうえに這《は》い上がろうとするだろう。それと同じ必死さで、自分を愛していこう。そう、命がけで。**始めさえしたら、難しいことは何もない。誓いを立て、私がお話しするとおりをやってみよう。

私の人生は見違えるように輝き始め、今も輝いている。あなたの人生も同じように、きっと輝き始めるだろう。

変化の始まり

私は具合がひどく悪かった。とてつもなく惨《みじ》めな気分でもあった。何日もベッドから起き上がれず、閉じたカーテンの向こうで朝がいつのまにか夜になり、また朝になる。何をするのも億劫《おっくう》だった。何も考えたくなかった。具合が悪いのがなんだ。頭が痛いのも別に構わなかった。会社の破綻も、どうでもよかった。人生を……生きていくことさえも……。

この瞬間《とき》から始まったことが、私の救いとなる。

もう、限界だった。今でも鮮やかに覚えている。それ以上は耐えられなかった。うんざりだった。すべてに嫌気がさしていた。惨めな気持ちにも、苦しみにも、不安にも、自分にも。うんざりだ、もうたくさんだ。

たくさんだ、たくさんだ、たくさんだ。

破れかぶれな気持ちで、私はベッドから出て、よろめくように机へ向かい、ノートをひらいて書いた。

〈今ここに、私は誓う。自分のすべてを愛することを。深く真剣に愛する相手に対するように、自分を扱うことを——自分の考えも、行動も、選択も、経験も。いつどんな瞬間も自分の全存在を愛することを、ここに誓う。〉

書くべきことは、それですべてだった。時間的には1分とかからなかった。ただし、その力の込め方たるや、ノートを突き破り、机に文字を彫るかのようだった。私はほとほと自分に嫌気がさしていた――誰かほかの人を愛することはできるのに、自分を愛するとなるとどうだ。**今後は、自分をまるごと愛することだけに集中して生きていこう。私自身のために。**

ただ、どうすれば自分を愛せるようになるのか、方法がわからなかった。わかっているのは、誓いを立てたことだけ――それは「ほしい」や「願う」より、「できればそうありたい」より、はるかに重い言葉だ。誓ったのだ。私は、すべてを懸《か》けて取り組むか、生きることに見切りをつけるかしかない。あいだはなかった。

私は、そんな誓いがなされたことなど知るよしもない世間を尻目に、寝室のなかで、闇《やみ》のように暗い部屋のなかで、自分をまるごと愛することに取りかかった。

選んだ方法は、思いつくなかで最もシンプルだった。重要なこととして、どれほど気分が塞《ふさ》いでいるときでも続けられる必要があった。私は自分に言い聞かせ始めた。〈私はわたしを愛している〉、と。その言葉だけを、何度も何度も繰り返した。最初は、ベッドに横になって何時間も自分に言い聞かせ続けた。〈私はわたしを愛している、私はわたしを愛している、私はわたしを愛している、私はわたしを愛している〉……。

むろん、集中力が切れてつまらないことを考え出すときもあった。だが、そうと気づくたびに、ふたたび繰り返し始めた。〈私はわたしを愛している、私はわたしを愛している、私はわたしを愛している〉……。

はじめはベッドのなかで、次いでシャワーを浴びているときに、さらにはネットをしているときや誰かと話しているあいだも、私は心のなかで、〈私はわたしを愛している、私はわたしを愛している、私はわたしを愛している〉、と繰り返した。やがてそれは、ゆるぎない思いに、ひとつの事実になった。

プラスになりそうなことは何でも取り入れ、効果があれば続けた。効果がない場合は、やめた。気づけば、私はシンプルな習慣を生み出し、自分を愛することを新たな段階へ引き上げていた。全身全霊を傾けて取り組んだ。後戻りはできなかった。

そうするうちに、私は調子がよくなった。体の回復が早まり、心も軽くなった。それどころか、期待も想像もしていなかったことに、人生が上向いた。単に上向いただけでなく、自分の力の全《まった》く及ばないこと、夢にも思わなかったことが起きた。まるで、人生がこう言っているかのようだった。

「やっと気づいたか、この大馬鹿者《おおばかもの》め。おまえが正しい選択をしたことを、これから示してやろう」

さまざまな人が人生に現れ、いくつものチャンスが到来し、私はいつしか「ミラクル」という言葉を使って、自分に起きていることを表現するようになった。

そのあいだもずっと、私は自分に言い聞かせ続けた。〈私はわたしを愛している、私はわたしを愛している、私はわたしを愛している〉。この習慣を、ひたすら続けた。

ひと月足らずで、私は元気になった。健康を取り戻し、気分が晴れやかになり、笑顔が絶えなくなった。素晴らしい人たちが私の人生に現れ、状況が自然によい方向へ向かっていった。それでも私は、パソコンに向かっているときであれミーティングの最中であれ、片時も休むことなく、〈私はわたしを愛している〉と心のなかで念じ続けた。

正直に言えば、自分の全存在を愛しているなどと、はじめは信じていなかった。一体どれくらいの人が、自分をまるごと愛しているだろう？　しかしながら、私が何を信じているかは問題ではなかった。大切なのは自分を愛する取り組みをしていることであり、そのために私はこのうえなくシンプルな方法を選んだ。ひとつの考えを、それが頭から離れなくなるまで、何度も何度も繰り返したのだ。

想像してみよう。無理なく、気がつけば自分をまるごと愛せるようになっているというのは、どんな感じだろう。それは、沈みゆく太陽がちらりと見えるのに似ている。思わず目を見はらずにはいられないのだ。

なぜ「愛する」なのか

なぜ、「自分が好きだ」ではないのか。「自分を受け容れる」でもないのか。一体なぜ、「自分を愛する」でなければならないのか。

私の考えをお話ししよう。赤ん坊だったとき、あなたは全身で愛を感じていた。基本的な、いや根源的と言ってもいいレベルで、心は愛を知っているのだ。そのため、一般に言われるのと違い、**「愛する」力は意識をすり抜け、潜在意識《せんざいいしき》へ入ることができる。潜在意識、すなわちミラクルが起きる場所へ。**

あなたが自分の全存在を愛していると信じていない場合は、どうなるのだろう。それでも問題はない。あなたの役目は神経回路をつくること。レンガをひとつずつ積み上げるように、地道にニューロン同士の結びつきを強めることだ。心はすでに愛と強力なネットワークを築いている。体も、愛を知っている。愛が育《はぐく》むものであること、優しいこと、懐《ふところ》の深いものであることも、体は知っている。愛が癒やしをもたらすことも、知っている。

あなたの務めは、癒やすとか、そういうことを一切しないこと。しなければならないのは、ただひたすら、自分の全存在を愛することなのだ。深く、心から。全身で感じよう。何度も、何度でも。自分を愛することだけに集中しよう。おのずと心と体が応えてくれる。そうなるようになっているから。

これほど素晴らしいことはほかにないし、こうして書きながらもつい私は笑顔になる。**自分をまるごと愛するようになると、人生が愛を返してくれるようになる。**これも、そうなるようになっているんだと思う。どういう理屈《りくつ》なのか説明はできないが、確かにそうなるものであることを、私は知っている。

自分に起きていることを表すのに、思わず「ミラクル」という言葉を使うようになったら、今私が話している意味があなたにもわかるだろう。

4つのトレーニング

私は、自分が実際にやってうまくいったことを詳しく分析しようと心がけてきた。どうすればみんなに同じことをしてもらえるかも考えてきた。結果としてまとめたのが、次の4つの方法だ。

1　思考のループ
2　瞑想
3　鏡のワーク
4　クエスチョン

どの方法も、自分を愛する本来の気持ちを、穏《おだ》やかに取り戻させてくれる。それがこのトレーニングの素晴らしいところだ。シンプルかつ効果的で、想像をはるかに超える成果がもたらされるのだ。

実際、自分を深く心から愛するなら、それまでできると思っていた枠だけに自分の人生を押し込めようなどとするだろうか。そんなことはあり得ない。自分を愛すると、無限の可能性を解き放つことになるのだ。

どうか忘れないでほしい。自分を愛することに、全身全霊を傾けよう。この点がなおざりにされはしないかと、私は心配に思っている。自分を愛するどころか、好きだとさえ思っていない場合はどうなのだろう。それでも大丈夫。自分を愛する気持ちを少しずつ育てていく必要があるとしても、何も問題はない。これから紹介するトレーニングを行えば、心は生まれついているとおりに機能するようになる。心には順応するほか選択肢がないから。

自分を愛することによってもたらされる可能性に、絶えず柔軟《じゅうなん》に対応しよう。そうすれば、おのずと道がひらけていく。

闇から光へ

闇とは、光のない状態だ。このことを忘れなければ、あなたの人生はきっと変わる。私の人生は変わった。これからお話しするトレーニングは、まさにこの考えが基礎《きそ》になっている。

ネガティブな考えはどのようなものでも、闇である。追い払うには、どうすればいいだろう。不安や心配と戦うのか。悲しみや苦しみを追い払う、あるいは消し去るのか。そんなことをしようとしても、よい結果は望めない。

代わりに、思い描いてみよう――暗い、闇のような部屋に、あなたはいる。外はまぶしいほどに明るい。あなたがすべきは窓辺へ行き、布を取り出して、窓を拭《ふ》くことだけ。そう、拭くだけだ。ほどなく、光が射し込む。そして、闇を取り払ってくれる。

すこぶるシンプルである。不安、心配、苦しみ、そのほか何であれ、心が闇へ向かっていると気づいたら、そのたび窓を拭こう。必ず光が射し込むから。

［1］思考のループ

私は机に向かっている。寝室の大きな窓の向こうに、サンフランシスコの街灯りがきらめいている。コカ・コーラのネオンサインが一文字ずつ、消えてはまた点《つ》いていく。マーケット・ストリートに、赤いテールライトが連なっている。ツイン・ピークスを見下ろすようにそびえる有名な電波塔が、霧《きり》に隠れ、夜の闇に呑《の》み込まれている。

もし今、私の頭をあけてなかを見ることができたら、あなたは、南部なまりのようなゆっくりした調子で、思わず疑問を口にするだろう。

「この男には、何かほかのことを考える力がないのだろうか」

私の頭のなかを、ただひとつの考えが駆《か》け巡る。〈私はわたしを愛している。私はわたしを愛している。私はわたしを愛している〉。

誓いを立ててからずっと、何日ものあいだ、私はその考えだけをひたすら繰り返している。ときにはささやき声で、ときには声に出さず心のなかで。歯を磨《みが》きながら、もごもごと。シャワーを浴びながら、大きな声で。片時も止まらず繰り返す。

「私はわたしを愛している。私はわたしを愛している。私はわたしを愛している」

以前、誰かがこんなことを言うのを聞いたことがある。私たち人間は、絶えず思考している、と。それは違う。私たちはおよそいつも、思い出している。記憶をくっきりと際立たせている。頭のなかで、ループのように、見知ったパターンを繰り返している。幸せのループ、先延ばしのループ、悲しみのループを。不安、希望、夢、願望。ありとあらゆるものについて、私たちはループを持っている。

私たちが記憶のループを再生し続けると、それを受けてループが感情を引き起こす。知らぬ間《ま》に、私たちはこう思うようになるのだ。ほかにどうしようもない、と。けれどもそれは全く真実ではない。

想像してみよう。記憶のループは、人が毎日のように通ることで徐々につくられていく小道に似ている。ちょうど、水の流れによって岩に溝ができていくように。必要な時間と必要な強さがあれば、溝はやがて川になる。

なんらかの考えを持っても、一度だけなら、その考えがあなたを支配することはない。だが**何度も何度も、ことさら一心不乱に――深く、心から――その考えを繰り返すと、やがて「溝」、すなわち思考の川ができる。そしてあなたを支配する。**

そんなわけで、**一点集中の思考のループをつくることが解決策になる。**「私はわたしを愛している」という、ただひとつの考えを持つのである。この考えを一心不乱に繰り返そう。そうすれば、ほかのどんな方法よりも早く、深い「溝」をつくれるからである。この考えを体の芯《しん》から感じよう。何度も何度も言おう。感じて。繰り返して。この考えを信じているかどうかは問題ではなく、この考えだけに集中することが肝要《かんよう》だ。**自分を愛しているあなたを、真実のあなたにしよう。**

ここでの目標は、深い「溝」をつくることだ。長年のあいだにつくられた溝、すなわちネガティブな感情を生み出す溝よりも深い溝を。そういう感情が染《し》みつくには、やはり長い歳月《としつき》がかかった。なかには子ども時分から持ち続けている感情もある。

そのため、「溝」をつくるには一心に打ち込まなければならない。習慣にする必要もある。

過去の溝を壊《こわ》すことについてはさておこう。あなたは今、新しい溝をつくろうとしている。とても深く強力であるために、思考がそこを流れないわけにはいかない、そんな溝を。

むろん時間はかかる。私も、人生がどん底からミラクルへ変わるのにひと月かかった。けれども、あなたはきっと気づくことになる。変化に。気持ちが変わること、人生に素晴らしい出来事が次々起こることに。それを心待ちにしよう。変化は時間とともにどんどん増えていくだろう。あなたは、輝く陽《ひ》の光のなかを、晴れやかな気分で歩いていく。人生を愛し、人生が愛を返してくれる。やがてあなたはふと気づくだろう。これこそが本来のあるべき状態なのだ、と。

これ以上に素晴らしい生き方を、あなたは思い描けるだろうか。

［2］瞑想

ほかのトレーニングはどれもしないとしても、これだけはやってほしい。きっと役に立つから。

私は毎日、7分間、瞑想をする。なぜ7分なのか。それは好きな音楽を1曲聴くからだ。ピアノとフルートの、穏やかで心を和《なご》ませてくれる曲、私がよい感情を呼び覚ますことのできる曲を聴く。すると7分になる。

座って壁《かべ》に背を預け、ヘッドホンをつけ、その曲に耳を傾ける。頭上に、銀河と星々、宇宙を思い描く。それから、天上からの光が頭のなかに流れ込み、体内を降りていき、必要なところへ流れていくのをイメージする。

楽にして、ゆっくり呼吸する。**息を吸いながら、「私はわたしを愛している」と心のなかで言う。吐《は》くときは、心身のあらゆる反応を解き放つ。それだけ。いたってシンプルだ。**

息を吸うとき：「私はわたしを愛している」と言う。

息を吐くとき：生じたものを吐き出す。

吸って、吐いて、吸って、吐いて。ゆったりと。流れる調べを聴きながら。

雑念が浮かんでくるが、それは自然なことだ。浮かんできたら、私はそのたびに、自分が今、息を吸っているか、それとも吐いているかを意識する。吸っているときなら、「私はわたしを愛している」を始める。吐いているときなら、心身に起きている反応を解き放つことに意識を向ける。

ときおり、天上から流れ降りてくる光に注意を向ける。息を吸うたびに、そうすることもある。気づけば7分が経ち、瞑想が終わる。

光が銀河や星々から頭のなかへ流れ込んでくるとイメージすることは、不思議な力を発揮する。光という概念《がいねん》自体に力があるのだ。潜在意識は愛だけでなく、光とも強い結びつきを持っている。植物は光を受けて成長する。私たち人間にも光は欠かせない。日の出、日の入り、煌々《こうこう》と輝く月を見て、私たちは美しいと思い、穏やかな気持ちになる。

先述したとおり、癒やすとか、そういうポジティブなことを意識的にする必要は全くない。それは潜在意識がしてくれる。あなたがすべきは、イメージ（ここでは光）を潜在意識に送ること。思考（ここでは、自分の全存在を愛しているという考え）を、潜在意識に伝えることだけだ。それ以外のことはすべて、潜在意識がしてくれる。

このトレーニングは、意識を一点に集めて行うため、短期集中型である。けれども、ハードに感じるだろうか。実は、とても穏やかな気持ちで取り組むことができる。私はこう思っている。**真に心を集中するというのはこういうもの、つまり平安な気持ちと、愛と、成長を生み出すもの**なのではないか、と。

やってみよう

ステップ〉〉〉1

音楽をかける。穏やかな優しい曲を。できれば、インストルメンタル（声楽部のない器楽曲）がいい。心地よくなれる曲をかけよう。

ステップ〉〉〉2

座って、壁か窓にもたれる。脚は組んでもいいし投げ出してもいい。自分にとって自然な姿勢で座ろう。

ステップ〉〉〉3

目を閉じる。微笑《ほほえ》む。一条の光が、天上から頭のなかへ流れ込んでくるのをイメージしよう。

ステップ》》4

息を吸いながら、心のなかで「私はわたしを愛している」と自分に言い聞かせる。ゆっくりと。自分に優しくなろう。

ステップ》》5

息を吐きながら、心身に生じていることを何でも、一緒に吐き出す。どのような考えも、どんな感情、気持ち、記憶、不安、願望、欲望も。あるいは、何も生じていないということも。それを、息と一緒に吐き出そう。判断してはいけない。放したくないと思ってもいけない。自分に優しくなろう。

ステップ》》6

曲が終わるまで、ステップ4と5を繰り返す。

(集中力が切れたら、そのことを意識して、にっこり笑おう。まるでそれは、子どもが子どもらしいことをしたのと同じであるかのように。にっこりしたら、意識を呼吸に戻す。ステップ4、ステップ5を繰り返す。集中できなくなったら、そのことを意識して、優しく微笑み、またステップ4、ステップ5に戻る。）

ステップ≫7

曲が終わったら、ゆっくりと目をあける。微笑む。自分を内面から変えて、結果を手に入れよう。これは、あなたの時間。あなたが自分のために使う時間である。

なぜ音楽をかけるのか。毎回同じ曲を聴くので、やがてその曲が錨《いかり》の役割を果たすようになり、瞑想状態にすんなり入れるようになるのだ。寄りかかる支え、ただし素晴らしい支えである。

この瞑想をたゆみなく行おう。きっと、ミラクルが起きるだろう。

［3］鏡のワーク

これは、話すのが少し怖い。気が変だと思われてしまいそうだから。だが、効果は折り紙付きだ。

ステップ》》1

タイマーを5分にセットする。

ステップ》》2

鏡の前に立つ。鼻が鏡から数インチ離れるくらいがいい。楽にする。呼吸する。

ステップ》》3

自分の目を見る。どちらか一方の目に集中すると、やりやすいかもしれない。その場合は、左目に集中してみよう。ゆっくり、自然に呼吸する。やがてリズムができる。

ステップ》》4

目を見ながら、「私はわたしを愛している」と言う。その瞬間にそう信じていなくても、それは別にいい。大切なのは、その言葉を自分に向けて、目を見ながら言っていることだ。目は、真実から逃れる術《すべ》のないところ。そして突《つ》きつめて言えば、真実とは、自分の全存在を愛していることである。

ステップ》5

優しく「私はわたしを愛している」を繰り返す。ときどき言うのをやめて、目を見つめる。

5分経ったら、微笑む。これであなたは真実を熱く、じかに、自分に届けた。いずれにせよ、心は受け容れるほかない。

もし誰かがあなたの目を見て、あなたに愛されているとわかったなら、その人には真実が見えたということだ。同じものを、あなた自身にも贈ろう。

[4] クエスチョン

病気を治すために家にこもっているときなら、「私はわたしを愛している」と言うのは簡単だ。けれども、現実世界に戻り、それぞれに問題や思考のループを持つ人たちと関わるときには、なかなか難しい。

そんななかで、この問い《クエスチョン》が生まれた。ほかの人たちと接し、自分のネガティブな感情だけでなく彼らのネガティブな感情にも対応するとき、私は次の問いをするようになった。
〈もし、自分を深く心から愛しているなら、自分にこの経験をさせるだろうか〉。

答えはいつも、「ノー」だった。

この方法はとてもうまくいった。「思考のループ」にずっと取り組んでいたので、ノーと答えたあとにとるべき行動も明確だった。ネガティブな感情を克服《こくふく》するのでも、そういう感情を感じまいとするのでもなく、ただひとつの真実を頭のなかで繰り返すだけでよかった。〈私はわたしを愛している、私はわたしを愛している、私はわたしを愛している〉、と。

この問いは、シンプルに見えて、とてもパワーがある。今ある自分（怒り、苦しみ、不安など、闇と名のつくあらゆる感情）からありたい自分へ、焦点《しょうてん》を移してくれるのである。
それが、愛だ。心も魂も、従うよりほかに道はない。

思考を選ぶ

私たちが原子と分子でできており、原子と分子はより小さな素粒子《そりゅうし》からできていて、その素粒子とはつまり空っぽの空間とエネルギーであるというなら、私たちは一体何ものなのか。

思考だろうか。

あなたは、自分の心が思考のループに囚《とら》われ、古いストーリーを、古い傷を、マンネリ化した思考を再生し続けているのに、気づいたことがあるだろうか。あなたは誰なのか。マンネリ化した思考なのか、それとも、そういう思考の傍観者《ぼうかんしゃ》なのか。

傍観者であるなら、では、マンネリ化した思考とは何なのか。

いや、あなたは別の思考を観察する思考なのだろうか。

ひょっとすると、数百万年かけて進化した脳のシナプスにおける爆発的な生化学的反応、それが私たちなのかもしれない。あるいは観察者——より深遠な自己——が存在するのかもしれない。まあ、いずれにせよ、証拠は何もない。

私は、わからないということを気にしない。そんなふうに考えることを、楽しんでいる。ただ、結局どれも理論にすぎないということを、しばしば自分に言い聞かせる。私が気にかけるのは、本当に効果のあること。人生にミラクルを起こしてくれることである。

私にわかっているのは、これだ——心は放っておくと、同じストーリー、同じループを繰り返す。私たちのためにならないストーリーばかり、ループばかりを。そのため、実際に効果を得て、人生を劇的に変えるには、意識的に考えを選択すればいいということになる。次いで、その考えを何度も繰り返す。感情を込め、気持ちを入れ、受け容れる心をもって。

シナプスの回路をつくると、やがて意識しなくても、その考えが再生されるようになる。時間をかけて、一心に取り組もう。すると心はその考えを再生するほかなくなる。心とはそういうものだ。自分はなぜあんなループを持っていたのだろうと、あなたは思うようになるだろう。

もし目標を立てるなら、**「選んだ考えが自分のいちばん大切なループになるまで繰り返すこと」**にしよう。やがてその考えが人生を眺めるときのフィルターになる。そうなったら、さらに繰り返そう。

まるで仕事のようだ。実際、仕事かもしれない。いずれにせよ、人間の本質は思考だ。あなたを劇的に変える考え、人生を生き生きさせてくれる考えを選ぼう。私が見つけた「私はわたしを愛している」という考えほど強力なものは、私の知るかぎりほかにない。けれども、違う考えをあなたは見つけるかもしれない。その場合は、遠慮《えんりょ》なくその考えを選ぼう。

そうするだけの価値があるから。

記憶はあなたのもの

記憶は不変ではない。神経科学者なら誰もがそう言うだろう。何かを思い出せば思い出すほど——感情をかき立てる記憶の場合は特に——、ニューロン同士を結びつける回路が強くなる。簡単に言えば、あることについて考えれば考えるほど、そのことへの思いが増し、記憶が強まる。

さて、ここからが興味深い。記憶を強めるのは、思い出すという行為だけではない。記憶をつくり、変化さえさせる要因が、もうひとつある。それは、何かを思い出しているときの、あなたの心の状態である。

心の状態によって、全く違う影響が表れるのだ。

今までにした経験からどれか一つ、たとえば昔の恋愛を例にとろう。気持ちが滅入っているときに、意識的にその経験を思い出してみる。すると経験のネガティブな面に意識が集中し、その部分が記憶のなかで強くなる。

反対に、全く同じ経験を、楽しい気分のときに思い出してみよう。違いがわかるだろうか。

経験は同じであり、どちらの気分もあなたの心の状態である。ただ、フィルターが違う。そして、そのフィルターが焦点を移し、巧妙《こうみょう》に記憶を変える。もっと重要なことに、フィルターは、記憶があなたにどのように感じさせるかを、つまり、記憶があなたにもたらす影響を変化させる。

解決策をお話ししよう。効果抜群の解決策である。

つらい記憶がよみがえってきても、戦ってはいけない。追い払おうとしてもいけない——でないと悪循環に陥ってしまう。あがけば、痛みが助長されるのだ。代わりに、愛に頼ろう。あなた自身に対する愛に。その愛を感じよう。感じるふりをせざるを得なくても構わない。いずれ本当に感じられるようになるから。**記憶がよみがえるときも消えるときも、自分自身に対する愛を感じよう。すると、記憶の影響力が取り払われる。**

何より重要なことに、記憶の配線が替わる。何度も何度もやってみよう。愛する。配線を替える。愛する。配線を替える。あなたの心はあなたのもの。したいと思うことを何でも、あなたはすることができる。

明かりのスイッチ

ＮＬＰ（神経言語プログラミング）の共同開発者リチャード・バンドラーは、キャリアを築き始めて間もなく、統合失調症患者《とうごうしっちょうしょうかんじゃ》をほんの数時間で治せる人物として知られるようになった。そして、医者や患者の家族から依頼を受けて精神科病院へ行き、重症の患者、つまり皆に見捨てられてしまった患者の治療《ちりょう》にあたった。

バンドラーがことのほか興味を引かれたのは、幻の蛇《へび》を見るようになったある経営者のケースである。誰が見ても、病気に違いなかった。彼は精神科病院に入れられ、治療を受けたが、効果がない。そのため、病院のベッドに縛《しば》りつけられ（患者が、自分の全身を蛇が這いまわっていると思い込んでいるときに、あまりプラスになるものではない）、回復の見込みなしとカルテに記載されてしまった。

バンドラーが初めて会ったとき、患者は状態が悪かった。バンドラーは、何かいい方法はないかと思って街へ出た。なんとかして患者を現実に引き戻さなければならない。ペットショップの前を通りかかったとき、縁石《えんせき》に、ゴム製の蛇を山と積み上げた樽《たる》が置いてあるのに気がついた。彼は店に入り、店主に尋《たず》ねた。樽に入っている蛇を全部、数時間貸してもらえないだろうか、と。

店主は答えた。

「売り物ですからね、貸すことはできません」

「どうしても必要なんです」

バンドラーは食い下がった。

「それに、ほんの数時間です」

「何に使うんです？」

「統合失調症の治療に」

とバンドラーは答えた。

「それはすごい」

店主は感嘆《かんたん》の声をあげた。

店主は医者ではない。だから常識外れの治療法に違和感を覚えなかったのだろうと、バンドラーは考えている。店には、よくしつけられた蛇も数匹いた。コブラが2匹、ニシキヘビが1匹。すぐ人間に巻きつきたがる蛇たちだ。準備は万端整った。

バンドラーは店主を連れ、ゴム製の蛇と本物の蛇を入れたいくつものかばんを手に病院へ戻ると、患者がふだん使っているシャワー室へ行き、床一面にゴム製の蛇を並べた。患者が立つ場所のすぐ近くには、本物のコブラを。患者が車椅子《くるまいす》を置く場所の真上には、ニシキヘビを。蛇を配置し終えると、バンドラーは出来映えをチェックした。

映画『レイダース／失われたアーク』が思い起こされる。おびただしい数の蛇がうごめく井戸へ、インディ・ジョーンズが降りていくシーンだ。大の蛇嫌いは言うまでもなく、これを見てパニックにならない人などいないだろう。

ところで、この話を覚えておいてほしい。かつてバンドラーは、自分をイエス・キリストだと信じている患者を治したことがあった。彼はまず病室に、古代ローマ軍隊の百人隊長に扮《ふん》した筋骨たくましいフットボール選手3人に来てもらい、十字架——患者と等身大の十字架――をつくるための木材も運び込んだ。それから、釘を打ち、十字架をつくり始めた。ときおり手を休め、隊長たちに患者を押さえつけさせ、患者のサイズを測る。磔《はりつけ》の準備ができる頃には、患者は自分がキリストでないことをはっきり悟った。バンドラーたちの芝居が終わったのち、患者が自分をキリストだと思い込むことは二度となかった。

バンドラーと、蛇を貸した店主は、シャワー室へ通じるガラス戸の向こうに立った。マジックガラスで、外からは中が見えない。バンドラーが患者をシャワー室に呼び入れ、車椅子にきつく縛りつける。蛇を見た瞬間、患者が鋭《するど》く叫《さけ》んだ。「蛇だ！」

すさまじい声だった、とバンドラーは述べている。腹の底からの叫び声が、病院中に響き渡った。

「蛇だあぁぁぁ！」

だが構わずバンドラーは車椅子を固定した――患者が、目の前にコブラを、頭上でニシキヘビがのたくるのを見ることになる位置に。そしてシャワー室を出て、後ろ手にドアを閉めた。

患者は鋭い声をあげ続けた。バンドラーはじっと待ち、ようやくシャワー室に入った。

その姿を見て叫びかけた患者を、バンドラーがさえぎった。

「ああ、蛇だらけだな、確かに」

とバンドラーは言った。

「どれが本物でどれが本物でないかを教えてくれるなら、ここから出してあげよう。だが教えてくれないなら、きみをここに置いていく」

そしてきびすを返す。

「そこのはゴムの蛇」

頭で床を示しながら、患者が答えた。

「これは幻」

首をめぐらせ、それから顔を上げ、頭のすぐ上でぶらぶらしているニシキヘビを見つめる。ニシキヘビがぬっと下がって近づいてくる。

「本物だ！」

この反応は、バンドラーにとって予想外だった。認識力を試されたこの患者は、現実と幻覚を区別できるくらいに正常であっただけでなく、どれがゴム製かということまで見抜いたのだ――バンドラーも見分けるのに苦労するほど、リアルなつくりなのに。

バンドラーは車椅子を押して患者を外へ出し、どうやって本物か幻かを見分けるのかと尋ねた。

「簡単さ」と患者は答えた。「幻の蛇は透《す》けてる」

患者は最初から承知していたのだ。本物の蛇は透けずになかが詰まっていて、幻の蛇は透けている、と。ただ、不安が強すぎたせいで、現実に背を向けてしまっていた。バンドラーが、本物の蛇と透けた幻の蛇との違いに集中するようにとアドバイスしたところ、患者は心の健康を取り戻した。幻の蛇が見えることもときにはあるが、本物でないことをきちんと理解していた。幻の蛇に支配されることは、もはやなかった。

不安と戦っても、何の役にも立たない。余計に不安になるだけだ。現実に在《あ》るものに、真実に、意識を集中しよう。闇のなかにいるときに、闇と戦ってはいけない。勝てっこないから。それよりも、いちばん近くにあるスイッチを探して、明かりをつけよう。

ブロガーのジェームズ・アルタチャーは、特に素晴らしい記事のなかで、自分を上手にだまし、一瞬でネガティブな考えを止める方法を紹介している。「役に立たない」と心のなかで言うのである。それがスイッチ、あるいはブレーカーのように働いて、不安に襲《おそ》われたときの状況が変わる。

『ハンガー・ゲーム』3部作の最終作では、キャピトルに洗脳され、記憶をねじ曲げられてしまった主要登場人物のひとりが、本当の記憶と植えつけられた記憶との見分けがつかなくなる。そこで仲間たちがシンプルなトレーニング方法を思いつく。まず、本当だと彼らが知っている記憶を彼に伝え、その後「真実の記憶か、嘘《うそ》の記憶か」と問うのである。彼はだんだん、真実の記憶と真実ではない記憶を見分けられるようになり、やがて心が適応し、嘘の記憶には特定の光が伴うことに気づく。その後も、彼は確信が持てなくなると、この「真実か否か」のトレーニングに立ち返る。

不安は、適切に使われる場合は、頼りになる。燃えさかる火の近くにいるときや崖っぷちに立っているときなら、役に立つのだ。けれどもそれ以外の場合には、不安は心を乗っ取ってしまう。そして、心と自分の思考が生み出したものなのか、本物の不安なのかの区別がつきにくくなる。

そのため、まるで明かりのスイッチのような、このツールが存在する。不安に襲われたら、その不安は幻の蛇だということを、あるいは役に立たないということを、あるいは現実ではないということを思い出そう。この三つはどれも頼りになる。別のものがよければ、自分で考え出してもいい。うまくいくかぎり、それは適切だ。

忘れないでほしい。闇のなかにいるときは、自分の選んだ明かりのスイッチをスタンバイさせておこう。本書の執筆を例にとると、不安は私にこう告げる。人々にどう思われるかというリスクを、おまえは冒《おか》している、と。そんなものは放っておけばいい。私はただ、不安の正体(幻の蛇、役に立たない、あるいは現実ではない)に気づいて、書き続ければいいのだ。

恋をする

「きみはとてもきれいだ」と、私は言う。

彼女は、私の友人ゲイブの手を握《にぎ》り、並んで歩いている。切ったばかりの黒髪には、レイヤーが入っている。2月のひんやりとした夜。場所は、サンフランシスコのミッション地区。私たちはメキシコ料理の店へ向かっている。

「私、恋をしているの」と、彼女が答える。

私たちは立ち止まり、そして通りを渡る。

「ほんとよ」。彼女が言う。「恋をしてる。だからでしょう」

とにかく、きれいだ。ただ、言わんとすることはわかる。彼女は内側から輝きを放っている。笑顔が絶えない。エネルギーがあふれている。

家に着いた私は、なかに入る前に立ち止まり、あることに気づく。彼女が体現していたような愛は、必ずしも、誰かほかの人に向けたものでなくてもいいのではないか。愛とは、ひとつの感情であり、気持ちであり、ひとつのあり方だ。あの軽やかな足取り、あの笑顔、あの屈託《くったく》のない明るさが、自分自身を愛する気持ちから生まれることは、どうしても無理だろうか。

私はハッとなる。無理なものか。私たちは、誰かほかの人に恋をしないかぎり輝けない、解放感に満ち屋根に上がって叫ぶことはできないと思って生きている。だが実は、**ほかの誰より大切なひと、すなわち、私たちが最も大切な相手としてつながりをつくろうとしているひとが、深く心から愛されることを待って、いや待ち焦《こ》がれている**のだ。

さて、ここが興味深いところだ。自分を愛するようになると、人はもともと持つ美しさが表れ、おのずと輝く。そのために、周りの人を惹《ひ》きつける。そしてあっという間に皆に愛され、自分の好きな相手と愛を分かち合えるようになる。

意外な、素晴らしい結末である。自分に恋をしよう。あなたの愛を体現すると、世界が、あなたと恋に落ちるために、きっとあなたのもとへ押し寄せてくるのだ。

自分のすべてを受け容れる

車でハイウェイ1号線を行く。あの木立を探しながら。ペスカデーロの灯台から南へ半マイルのところに、道路と草地を隔《へだ》てるなじみのフェンスが見えてくる。

車を止め、エンジンを切る。カチカチと鳴る音が、ゆっくり黙《だま》り込む。私はデイパックをさっと手に取り、フェンスを跳《と》び越《こ》え、木立へ向かう。私の歩みに合わせて、そよ風がさざ波のように茂みをゆらす。はるか彼方《かなた》に、太平洋の大海原が広がる。見上げれば、夏の青空が、どこまでも続いていく。

この草地を見つけたのは、カリフォルニアに初めて越してきたときだった。私は車に乗り、ひたすら走らせた。太平洋岸北西部の息を吞むような美しさに圧倒されながら。これほど素晴らしいところは、世界広しと言えども、ほかにはない。

昔、ここへ女友だちを連れてきたことがあった。木立まで来ると、私はノートの1ページを破り取り、ペンとともに彼女に差し出した。

「きみには、自分を許すことが必要だ」と私は言った。

彼女は離婚による罪《つみ》の意識を、いまだ引きずっていた。だがもう、自分を解放していいときだ。

「悔《く》やんで自分を責めていることを全部、ここに書いて」と私は言った。「残らず全部。そして自分を許すんだ。そのことも書いてごらん。書き終わったら、ふたりで一緒に海に流そう。それできみは自由だ」

彼女は長いこと、黙っていた。もしかしたら、少し泣いていたかもしれない。

「あなたも自分を許さなきゃ」。彼女が言った。「メディカル・スクールへ行かなかったこと」

女性のこの鋭さには、つくづく感心する。彼女の言うとおりだった。私は医学の道へ進むのをやめて起業を選んだが、どんなもっともらしい言い訳をしたところで、その選択は利己的だった。自分にとって重要なことをするよりも、金を選んだ。それは、自分のなかでずっと折り合いをつけられずにいた選択だった。

そこで、私たちはふたりして黙々《もくもく》と思いを連ね、それから海岸へ歩いていき、紙を丸め、海へ投げ込んだ。果たして、うまくいった。私は、何かによって心の重しを取り払われ、二度と過去を振り返らなくなった。医学の道へ進まなかった後悔も消え失せた。自然に。とてもシンプルなことをしただけなのに。

そして今、私は同じ場所に来ている。今回はひとりだ。木はわずかに2本が、吹きさらしで立っている。3本目は、長い幹が焦げて、草むらに横たわっている。雷が落ちたのかもしれない。やや離れて、それほど幹の長くない木が、雨風のせいで白くなって倒れている。

私はその白くなった木の上に立ち、大海原を見つめる。夕方の早い時間で、太陽はまだ沈まず、大きい。眼下の海原に、黄金色の道が1本、きらきらと輝いて、水平線まで延びている。

私はデイパックからノートを取り出し、1ページを剝《は》ぎ取って、書く。今日の日付を。自分を責めていることを。分別があるつもりで、その実自分を追い込んでいるから。心を閉じてしまっているから。必要以上に自分を傷つけてしまっているから。それは間違いだから。何もかも。

それから、自分を許すと書く。すべてに対して。その許しの時間のあいだに、「私はとてもピュアだ」とも書く。確かにそうだと、知っているから。

これは最初のステップだ。ステップは、まだあと2つある。この木立を初めて見つけたときから今日までのあいだに、人生はこうした多くのことを私に教えてくれた。

私は歩いて海辺へ降りていき、岩に腰掛け、波を見つめる。小石の多い海岸に、波が寄せては返す。私はさっき書いた1ページを高々と掲げ、声に出して読む。自分を責めていることのすべてを。すべての許しを。

もう必要ないと思えるまで、何度も読む。それから背後に手を伸ばし、丸い石をつかむ。石を見て、私は笑う。ハートの形をしている。人生よ、おまえは抜群のユーモアのセンスの持ち主だな。

私は、書いて読んだ1ページを、ハート形の石にきつく巻きつけ、ふたたび波を見つめる。おごそかな時間。悔やんで自分を責めていることのすべてを、もっと大きな何かに託《たく》す時間。その何かに、してくれるはずのことをしてもらうために。私が重荷を下ろし、代わりに引き受けてもらうために。そうすれば、私は生きたい人生を生きられるかもしれない。結局のところ、**悔やみ自分を責めているものごとこそが、ほかの何より私たちの気持ちを塞ぐ**のだ。

よし、そろそろだと感じて、私は石を高く、弧《こ》を描くように投げる。石はポチャンと海へ落ち、すぐに見えなくなる。落ちたあたりに波が立ち、広がる。それだけ。波は戻ってくるだろうかと思って、しばし見つめる。だが戻ってはこない。

私は歩いて木立へ戻り、さっきと同じ木の幹に腰を下ろして、ノートを取り出す。今度は、違う内容の手紙を、自分に向けて書く。的を絞《しぼ》った簡潔な手紙だ。

〈カマルへ
ここに誓います。あなたのすべてを、深く真剣にとことん愛することを――あなたの考えも、行動も、願望も、存在も。カマル、あなたを愛することを、ここに誓います。〉

そしてサインをし、日付を記す。

私はノートを下に置き、太陽を見る。太陽は空を半ばまで降りてきている。風が、丈《たけ》の高い茶色の草のあいだを吹き抜ける。ひんやりしてきている。私は上着をさっと羽織り、すべてをあるがままに受け容れる。

それからまたノートを手に取り、声に出して読む。自分への誓いを。とてもピュアな気持ちで。これは、私のスタート地点。素晴らしい第一歩だ。それに、そう……しっくりくる。

パズルのピースが合っているときは、こんなふうにわかる。しっくりなじむ感じ。それは誰かに教えてもらえるものではなく、自分でつかむほかない。けれども、自分でつかめばつかむほど、その感覚を信頼できるようになる。その感覚の声に耳を傾ければ傾けるほど、いっそう感じ取れるようになる。それによって、驚くほど人生が変わる。

正しく問う

私が何より得意だったことをひとつ挙げるとすれば、それは自分で自分の足を引っぱることだった。これを種目にしてオリンピックが開催されたら、私は間違いなく金メダルを獲れるだろう。言ってみれば、ものごとがようやく順調に進み出したのに、そのとたん、とんでもなく大きな障害を自分でつくって、大失敗をしてしまう感じだった。

お決まりのそのパターンのせいで、私はいつも気持ちが塞ぎ、自分に対してどうしてもよい感情を持てなかった。毎回、私は自分に言い聞かせた。同じ失敗を繰り返すんじゃないぞ、と。今度こそと思って立ち上がり、行動を開始して調子が上がり、人生がうまく回り出す――ところが、うまくいきすぎて、いつものパターンがむっくりと顔を出す。つまり、ダメになる。

察《さつ》してもらえると思う……。

なぜそんなパターンを繰り返してしまったのか、わからない。子ども時代の何かが関係していたのか、あるいは大人ならではの事情のせいか。理由を知るのは無駄《むだ》ではないと思うが、大切なのはやはり、どんな人生を生きるかだ。結果だ。

自分を愛するようになって、あることが起きた。自分のパターンに気づいたのである。

それまでずっと、自分がそんなパターンを繰り返していることがわからなかった。これが自分の人生なんだとばかり思っていた。

気づいたからといって、すぐにパターンを繰り返さなくなったというわけではない。ただ、しっかり意識できるようになった。そこから、すべてが始まった。前へ進むうちに自分で自分の足を引っぱることがあっても、無意識にそうすることは、もはやなくなった。それはひとつの選択肢だった。そのうち、私はそういう選択をすることにうんざりするようになった。

自分を愛するようになると、そういうことが起きる。**自分のためにならないことを容認しなくなるのだ**――とりわけ、自分で自分の足を引っぱることを。それだけで、人生が大きく変わる。

私は、自分のためにならない習慣やパターンについて、次のことを学んだ。何かを決めるときが来て、行く手に2本の道が延びている。一方は、よく知っていてなじみ深い。もう一方は、未知で、どうもよくわからない。けれども、この未知のものには、魔法の力がある。

魔法の力への道を選ぶのに最も効果的だとわかったのは、正しく問うことだった。古いパターンを繰り返しそうになったら、つまり、いつものことで慣れてしまっている過ちを犯しそうになったら、すぐに立ち止まって深呼吸し、天上から光を流れ込ませ、次のように自分に問うのだ。

もし、自分を深く心から愛しているなら、私はどうするか。

ときには、ありったけの感情を込めて次のように問うと、うまくいく場合もある。

もし、自分を深く心から、真実愛しているなら、そして、自分にとって最高のことだけを望み、ミラクルで素晴らしい人生を生きたいし自分にはその価値があると思うなら、私はこの選択をするだろうか。

結局、選ぶのは私だ。

選択するたびに、私の生きる方向が決まる。そして運命が決まる。近頃はたいてい、選択する――愛にあふれる人生を。ミラクルに満ちた人生を。

新しい溝

ある友人は、この10年間に米軍が経験したなかでも特に激しいいくつかの戦闘を生き抜いた。今、彼は妻とともに、目一杯に生きている。そんな彼が私にこう言った。自分が生きているのは、亡くした友人たちがそれを望んでいたからだ。過去の記憶のおかげで、自分は今、生きているのだ、と。

先日、彼と私は共通の友人を亡くした――戦争で負ったものを忘れ去ることができなかった、元海兵隊員である。教養があり、謙虚《けんきょ》で、何にでも熱心に取り組む人だった。けれども、過去の亡霊《ぼうれい》に捕らわれてしまった。

私にも経験がある――人生をあきらめるという考えに、優しく誘《いざな》われたことが。すべてをここで終わりにする、ただそのために。そういう選択肢もあるなと思うよりもっと深く、その考えに囚われたこともある。幸い、逆の考えにも誘惑《ゆうわく》されたため、新しい視点を得ることができている。

ときどき、こう思うことがある。人生を終わりにするという考えは、依存症みたいなものなんだろうか、と。それは、生きるべきか死ぬべきかという、きわめて根源的な、本能に訴える考えだ。そのため、囚われたが最後、完全に逃れることはできなくなる。

むろん、振り払うことは可能だ。だが、依存症と同じで、何かに行き詰まったり心身が弱ったりすると、また衝動が起きてしまうかもしれない。

では、どうすればいいのか。新しい「溝」(思考の川)をつくろう。自分を内面から変える、新たな「溝」を。すると、人生にミラクルが起きる。もし心身が弱って古い「溝」がふたたび顔を出しても、新たな「溝」はとても深く強力なので、あなたは幻の蛇を見破れるようになる。

つまり、こういうことだ。**自分のなかの光によって、闇を追い払う**。何より大切なこととして、古い「溝」がふたたび顔を出したら、助けを求める。誰にでもいい。自分をまるごと愛している人なら、エゴを脇へ置いて、助けを求める。その人は、とても大切な存在なのだから。

ミラクル

私はジムでトレーニングを終え、外へ出て、私道のそばの塀《へい》に腰掛ける。サンフランシスコの、暖かな秋の夕暮れ時。そよ風が吹き、さわやかで、ダウンタウンには霧がかかっている。心地よい。

〈私は私の人生を愛している〉。

ふと気づくと、私は心のなかでそうつぶやいている。

〈私は私の人生を愛している、私は私の人生を愛している、私は私の人生を愛している〉。その思いが、風のように伸びやかに駆け巡る。私は、空を背景に浮かび上がる街の輪郭《りんかく》を見つめる。なぜ髪を目が隠れるほど長く伸ばしているのかとよく尋ねられるが……こういうとき、私は長く伸ばした銀髪のあいだから世界を見る。そして思う。〈私は私の人生を愛している、私は私の人生を愛している〉。

雲が流れてゆき、思いが駆け巡る。

〈私はわたしを愛している、私はわたしを愛している、私はわたしを愛している、私はわたしを愛している〉。

私は微笑み、それからにっこり笑う。まるごとの私を、私の希望、夢、欲求、短所、長所、すべてを――〈私の全存在を〉。〈私は〉。〈愛している〉。

そんな心境に、たとえ短時間でもなれたら、きっと変われる――それは私が保証する。

重要なのは、少なくとも私の場合は、手放すことだった。**エゴを、執着を、こうあるべきだと自分が思う「私」を、こういう人であるはずだと他人が思っている「私」を。それらを手放すにつれ、本当の私が現れる。**世界に投影していたカマルより、はるかに素晴らしいカマルが。そんなふうに本当の自分をさらけ出すことには、パワーがある。言葉で説明できるものではなく、身をもって知るほかないパワーが。

私はいつも本当の自分を現れさせているのか。そんなことはない。ただ、そうしようと努力し続けているのは確かだ。

はるか昔、ローマの詩人が次のように書いた。

「私は人間だ。ゆえに、人間的なことは何であれ、私にも当てはまる」

これは真実だと私は思う。そのため、あることがひとりの人間にできるなら、それはほかの誰もができる。たどる道は違うかもしれないが、同じ目的地に行き着ける。

そのために大切なのは、とことん自分を愛すること。それができるようになったら、人生がさりげなく次のステップを準備してくれる。

この一本の道に対して、いつも心をひらいておこう。すると、自分の周囲においては、世界がひとりでにうまく回り出すという素晴らしい経験をすることになり、一方、内側に目を向ければ、自分という人間が目を見はるほど素晴らしい存在であることを心から信じられるようになる。ほかに適当な表現が見つからないのだが、まさしく「ミラクル」が起きるのである。

流れに身をゆだねる

ある僧侶に、どうやって平安を見出したのかと尋ねたことがある。

「イエス、と言うんです」と彼は答えた。「起きるすべてのことに対して、イエスと言うのです」

体調を崩す前は、「イエス」ほど、西洋人である私の心が言おうとしない言葉はなかった。私は事業のことで頭がいっぱいだった——事業を売り、一生働かなくていいだけの金を得ることで。そういう取り憑《つ》かれたような思いが、この社会のイノベーションを促《うなが》しているのだという主張は一理ある。もしかしたら、そのとおりかもしれない。だが、そうした気持ちの裏にはたいてい、不安が隠れている。

私もたくさんの不安を抱えていた。他人にどう思われるかという不安。従業員や投資家を失望させないだろうかという不安。失敗と、それが私にどんな影響をもたらすことになるかという不安。私は不安をエネルギーにして前進し、目的を達成して成功しようとしゃかりきになり、自分の体にも、現在という時間にも、全く注意を払わなかった。そして、その代償を払った。

多くの場合、現在を生きていない代償とは、苦しみである。

今では私も、僧侶が言った言葉の意味がわかる。流れのまま、今この瞬間に、身をゆだねるのである。**不安に気づくと、私はいつも、その不安を追い払ったりエネルギーとして使ったりせず、自分にこう言って聞かせる。〈大丈夫だ〉、と。自分に対して、優しく「イエス」と言う。今この瞬間に対して。心が感じているものに対して。**

それだけで、不安はたいていい小さくなる。そうなったのちに、私は自分を愛するという真実へ、目を転じる。

こうしたことを知っている今、つくづく思う。私はきっと、真に優れた会社《グレート・カンパニー》をつくれただろう。素晴らしい関係を築いたり、健康を管理したり、女友だちが生きているあいだに心を通わせ、どんなに大切に思っているかを伝えたりもできただろう、と。こうしたことのすべてを、私は優しい気持ちから、自分を愛する本来の気持ちから、行うことができただろう。

けれども、過去を消すことはできず、そこから学ぶしかない。それでいい。学びを活かせば、現在と未来を、生きるべき素晴らしい場所にできるのだ。

落とし穴

この節を書いている今はたぶん、ここしばらくでいちばん活力を欠いている。状況が、その……今ひとつだ。書き始めた頃は悪くなかったが、今は人生があまり勢いよく進んでいないのだ。実のところ、人生がしばらくうまくいくと、人はそれに慣れてしまい、これからもこの状態が続くだろうと思う。最後の印象が記憶に残りやすいという、親近効果である。うまくいっていない場合も、その状況にはまり込んでしまい、そこから永遠に抜け出せないような気がしてしまう。実際、解決策を考えることもできない。そして万事がまた順調に進み出すと、その状況がいつまでも続くかのように思って暮らす。

〈それなら〉、と私は自問する。〈自分の内面ともっと深く向き合うことができたら、勢いを失わずにいられるのではないか、人生が素晴らしい輝きを放つのではないか〉、と。ひとたび、それを体験し、確かにできるとわかったら、人生が輝きを放ち続けるよう、全力で努力をするべきだ。これはもう、やってみない手はない。

ただ、私は怠《なま》け者だ。体調を崩したときは、必死の思いで自分の心に目を向けた。けれども人生が上向き、さらには絶好調になると、怠けて漫然と過ごすようになってしまった。気持ちの赴《おもむ》くままに行動した。何日も、何週間も、瞑想をせずに過ごした。自分を愛さないなんてあり得ないと思うようになっていたが、愛するための努力を怠《おこた》ってしまった。

私は今、「私はわたしを愛している」というループを繰り返すとき、違和感を覚えるようになっている。気づけば、もう少しソフトな言葉を探している。ちょうどいいと思える言葉を。

けれども、「愛している」が適切でないなら、ほかのどんな言葉もふさわしくないかもしれない。

そんな状態なのに、私はこの「真実」を友人たちに話していた。

「自分をまるごと愛するんだ」と、私は友人たちに言った。「私を見ればわかるだろう。これは効く。すごいパワーがあるんだ」

すべて本当のことだ。だが、その日暮らしの人間が、金についてアドバイスするようなもの。誰が耳を傾けるだろう。

そこで私は自問する。〈もし、自分を深く心から愛しているなら、私はどうするか〉。この問いが、私はとても好きだ。脅《おど》す感じもなければ、正しい答えも間違った答えもなく、今この瞬間における真実の私へ導いてくれる。

問いに対し、シンプルな答えがもたらされる。「トレーニングに全力で取り組むべし」と。そして私はこのことも学んだ。それは、**「うまくいっているときに、怠けて漫然と過ごしてはいけない」**ということである。病気のときに、早く元気になりたいと願わない人はいないだろう。けれども、健康なときも、気を抜いてはいけないのだ。

正直に言えば、私は少し怖い。どん底だった人生が上向き、うまく進むようになったら、それは素晴らしい。だが、万事が順調なのになおトレーニングをしたら、人生はどこまで高みへのぼるのだろう。私の手に負えるのか。いや、そもそも、そういう人生に私はふさわしいのか。

これは、気まぐれで落ち着かない心のいたずらだ。そのため、私はまたあの問いをする。〈もし、自分を深く心から愛しているなら、私はどうするか〉。考えるまでもない。飛ぶのだ。できるだけ高く。その後、さらに高く飛ぼう。

さて、そろそろ書くのをやめて、瞑想をしに行こう。

思い込みから自由になる

全力で自分を愛するようになった結果として、私は思いがけず、気づきさえしていなかった長年の自分の思い込みを少しずつ取り払い始めた。友人とお茶をしているときであれ、本を読んでいるときであれ、不意に心のなかでスポットライトが点《とも》り、本当の自分について気づきを得たのである。それはきわめて鮮明だった。言うなれば、こんな感じだった——私の人生というひと組のトランプにはそれぞれ、私がすでに経験した状況が描かれており、1枚、また1枚と私めがけて落ちてくる。そしてあるとき、それらのなかにあったひとつの思い込みについて、〈そうだったのか、やっとわかった〉とひらめいたのである。

例を挙げよう。私は、自分にとって成長が重要であることを、昔から知っている。成長を実感できないと、落ち着かないし気持ちが塞いでしまうのだ。だが、成長に関する自分の思い込みについては、自分を愛するトレーニングによって教えられるまで、ずっと気づかなかった。本物の成長は、過酷《かこく》かつ困難で挑戦的な状況を経験して初めてできるものだと、私は思い込んでいた。

その思い込みによって私がどのような人生を歩むことになったか、想像がつくだろうか。

そんな思い込みをいつ持つようになったかは、考えるまでもなかった。新しい自分になることによって初めて成長できた気がしたとき、私は最高に気分がよかった――アメリカ陸軍歩兵隊のブート・キャンプ（新兵訓練）を受けたときのことである。訓練は過酷だったかと問われれば、答えはイエスだ。困難だったか。イエス。挑戦的だったか。来る日も来る日も挑戦的だった。何百年にもわたる軍の慣習によって、訓練は苦しく不快《ふかい》きわまりないものになっていた。だがそれこそが、私が常々、成長に不可欠な経験として考えていたものであり、誇《ほこ》りに思うものだった。私は、自信のない18歳の若者として入所した。そして、どんなものを投げつけられても対応できるようになって退所した。それは、成長だった。

自分の信じているものが、すなわち自分の探し求めているものだ――そんなフィルターを通して、私たちは人生を見ている。私は、過酷で困難な状況に、進んで飛び込んできた。どの状況においても、成長した。だが、どれだけの代償を払ったのか。

私の思い込みの例をもうひとつ挙げよう。会社を興《おこ》してからの私は、成功を手にしようとして必死になっていると、みんなから思われていた。多くの人にそう言われたし、私自身、自分を愛するようになるまでそう思っていた。けれどもある日、ひとつの考え、ただし少々ひねくれた考えに、スポットライトが点った。失敗してなるものか。私はそう思って、躍起《やっき》になっていたのである。

そこには天と地ほどの差がある。私の会社が傾いていったのは当然だった。会社を前進させ続けるのは、片時も気の許せない仕事だ。一歩間違えばつぶれかねない事態になりつつ、絶えずなんとか切り抜けては、また次の危機回避に取りかかる。失敗とまではいかなくても、思いどおりの道を進むことは決してなかった。

だが、希望はある。心のなかでスポットライトが点ったら、必ず前進できるようになるのだ。道を阻《はば》んでいた心のパターンが、ひとりでに消え失せる。古い錆《さ》びた鎧《よろい》同様、そんなものはもはや必要ない。気づきを得るたび、自由を、光を感じる。そして、成長するのだ。

まずは自分から

ルネッサンス・ウィークエンドでスピーチを終えたあと、ある人にこう言われた。「あなたはまず、ほかの人を愛するべきだ」と。

失礼ながら、それは違う。言うなれば、**離陸前の機内安全ビデオでこう説明されるのと同じだ。緊急の場合に酸素マスクが降りてきたら、まず自分が着けて、それからほかの人を手伝ってください。**

自分を愛し始めると同時に、私の内面に変化が起きた。不安が募ると、エゴが強くなる。愛があふれると、エゴが静かになる。私は以前より心をひらき、自分をさらけ出すようになった。ほかの人たちに、たとえその人たちが私に愛情を示してくれていない場合でも、優しくするのが当たり前になった。そんなふうにできないときは、とっておきの方法——思考のループ、瞑想、鏡のワーク、クエスチョン——を使って、自分を愛する本来の気持ちを取り戻した。

自分を愛することには、パワーがある。私は、**状況に対応するのではなく、自分がどうありたいかを選択するようになった。**それによって、よりよい状況が、最終的には段違いに素晴らしい人生が生み出された。

愛というフィルター

丘の上で仰向《あおむ》けに寝る私の首を、そっと草がなでる。晴れた、さわやかな日。広がる青空を、雲が流れてゆく。雲は一つひとつが、考えだ。それを、私は目で追う。一つひとつを、ただありのままに確かめながら。現在の自分の経験を重ねるのではなく、フォーカスしたい考えを選ぶ。あるいは、フォーカスしたくない考えを。選ぶのは、常に自分だ。

さまざまな考えが浮かんでくる。ふわふわと漂《ただよ》い、向きや形を変える。考えとは、そういうものだ。私はとりあえず、ひとつの考えを選び、その後、決して固執《こしつ》することなく手放す。選んだものを、ただ経験する。いずれも、愛というフィルターを通して。それだけ。

たったひとつのこと

自己啓発書を山ほど読んだり、セミナーをたくさん受けたり、牧師の話をあれこれ聞いたりするより、たったひとつのことを、私たちは選び、実践するべきだと思う。自分にとって本物だと思えることを。選んだら、そのことに全身全霊を傾けよう。

取り組むべきことをひとつに定め、全力で実践する。すると、ミラクルが起きる。予想だにしなかったことを、人生が起こしてくれるようになる。

私が全力を傾けるべきことを見つけたのは、苦しくて苦しくてたまらなかったとき、「もうたくさんだ」と思ったときだった。ただ、必ずしも、そういうときに見つかるとはかぎらない。友人や本、あるいは恋人がきっかけとなって見つかるかもしれない。うれしくてたまらないときに見つかる可能性もある。

自分にとって本物だと思えるのは別のことだと思う場合は、それをしよう。細かいことはさほど重要ではないと私は思っている。大切なのは、トレーニングを重ねること。本来の自分を生きるという誓いを守るために、全力で取り組むことだ。
結果は、そうするだけの価値がある。そんな結果が、みなさんに訪れますように。

第2部

自分を愛する方法

確かな方法

第1部「誓い」を書いたとき、私は明確に狙《ねら》いを定めていた。読者のみなさんが、はじめはどんな異論を持っていたとしても、読み終わる頃には、自分を愛してみるのもいいかもしれないと思えるようにしたい。そう思っていた。

理由はシンプルだった。**私は、自分を愛することによって、人生にあっと驚くようなことが起きた。その経験をほかの人に話すと、その人たちの人生にもあっと驚くようなことが起きた。ということは、私と同じことをすれば、それだけで、みなさんの人生にも同じことが起きるはず**なのだ。

さらには、自分を愛することによってミラクルを体験したら、自分のなかの何かが、過去のそれとはもはや同じではなくなる。漫然と過ごしたり怠けたりしてしまうことはあるかもしれない。しかし、できることについて、自分に嘘をつけなくなる。

第2部「自分を愛する方法」は、多くの読者から寄せられた電子メールへの返事をもとにしている。第1部の内容は、広く支持してもらえたものの十分ではないことが、読者のメールを読んでわかった。突きつめれば二つの重要な疑問に、私はまだ取り組む必要があった。

ひとつは、〈自分を愛することを、どうすれば日常のなかで簡単に実践できるか〉。もうひとつは、〈自分を愛することを、どうすれば持続できるか〉だ。

これらの疑問を、第2部で解決していく。結果として、自分を愛するための確かな方法を提供しよう。簡単で効果的、かつ続けられる方法を。

これは、自分を愛する方法を段階的に示したガイドブックだ。オリジナルのトレーニング法を紹介し、内容を深めていく。また、効果を高めるために、私が長年かけて学んだこともお話しする。読み終える頃には、自分を愛することが、可能なだけでなく拍子抜けするほど簡単だとわかるだろう。

何より、その方法を、あなたは正確に知ることになるのだ。

ジャンプ

あなたがなぜこの本を読もうと思ったのかも、今どんな人生を歩んでいるのかも、私は知らない。けれども、このことは知っている。私たちは、いくらでも向上できるし、いつでも新たな人生を始められる、と。そのための完璧《かんぺき》なタイミングなんてない。準備も心構えも必要ない。今この瞬間に、全力で取り組む意欲さえあれば。

ちょうど、大海原を見下ろす崖の縁に立っているのに似ている。したいだけ、深呼吸して構わない。だが最終的には、跳ばなければならない。

その方法は、次のとおりだ。

まず、土台をつくる。自分を許し、誓いを立てるのだ。これらの行為によって、あなたは人生に対し、はっきり意志を伝えることになる。また、これらの行為はあらゆることを変える。

次いで、トレーニング（思考のループ、瞑想、鏡のワーク、クエスチョン）に打ち込み、それぞれがどういうものかを知る。あなたは、トレーニングを生活に取り入れ、続けていく方法を身につける。これにより、土台がしっかり固まる。

最後に、土台を足がかりにして先へ進む。自分を愛することを、あなたの過去、現在、未来にどのように活かすことができるか。ほかの人に愛を与えるためには、どのように使えばいいか。あなた自身が苦しいときには何をしたらいいのか。あなたの愛をどのように使えば、あなたはあなたより大きなものとつながることができるのか。このような生き方についての具体的なアドバイスを、随所でお伝えしよう。

みなさんの案内役として、具体的にどうすればいいかを、要所要所で詳しくお話しする。すべて、私自身の経験がもとになっている。みなさんも私も、同じ人間だ。だから、私にとってうまくいったことは、みなさんにとってもうまくいくに違いないのだ。

ひとつ、気をつけてほしいことがある。**細かい部分にあまりとらわれないようにしよう。どうすべきか迷ったら、大切なのはあなたの意志であることを思い出そう。そして、今ここで求められる意志とは、どこまでも自分を愛する気持ちにほかならない。**

準備はいいだろうか。さあ、一緒に跳ぼう……。

まず、自分を許す

未来へ進む前にしなければいけないこと。それは、過去の足かせを外すことだ。

私は不思議でならない。私たちはなぜ、他人を許すことにはこんなにも熱心なのに、どんな影響でも及ぼせる唯一《ゆいいつ》の人間――自分自身――のことは許そうとしないのか。自由は、心が解き放たれて初めて手に入る。誰かほかの人を許したいと思っても、まずは自分自身を許さなければならない。**他人の心の重しを外せるのは、みずからの心の重しを取り払った人だけ**なのだ。

この考えを、私はすぐには理解できなかった。けれども、ひとたび取り入れてみると、自分を愛することが、それまで味わったことのない経験になった。穏やかで、どこまでも自由な気持ちになれるのだ。

想像してみよう。悔やみ、自分を責めてきたことを手放したら、どんな気持ちになるだろう？　自分を許すと、そういう気持ちがもたらされる。そして、自分を愛することを誓おうと、心から思えるようになる。

やってみよう ＞＞＞ 自分を許す

ステップ＞＞＞1

邪魔をされる心配のないところへ行く。「自分を愛する方法」のどれに取り組む場合でも、気を散らすものは少なければ少ないほどいい。私は、自然のなかで行うことにしている。少なくとも、穏やかな気分になれる場所を選ぼう。

ステップ＞＞＞2

準備が整ったら、悔やみ、自分を責めていることをすべて書き出す。残らず、全部。何ひとつ隠さず書くこと。これはあなたを癒やすもの。神聖な時間だ。どんな感情がこみ上げてきても、十分に感じて、そのまま手放そう。あなたには、やがて起こるミラクルを経験する価値があるのだ。

ステップ》3

感情が消え去ったら、自分が人間であることを思い出そう。人間なので、間違うのはやむを得ない。この世に生きるうえでの決まりごとでもある。このことについて、少しのあいだ、よく考えてみよう。

ステップ》4

「私はわたしを許す」と書く。この文を、声に出して読む。何度も、何度も。自分のなかで何か変化が生まれるのを感じるまで。

変化を感じるまでには、何度となく書く必要があるかもしれない。その場合は、書いて、声に出して読み、もういつでも手放せると思えるまで繰り返そう。忘れないでほしい。あなたは、この行為にふさわしい大切な存在なのだ。

ステップ》5

書いた紙を手に取り、処分する。

ビリビリと破いてもいい。海か湖か川に投げ捨ててもいい。ゴミ箱に捨ててもいいし、火をつけても、あるいはトイレに流しても構わない。ロケットに積んで宇宙に打ち上げてもいい。

どんな方法を採るかは、あまり重要ではない。紙を処分することで、あらゆる心の重荷を取り除くことになる。処分という行為はその象徴だ。大切なのは、本気かどうかなのである。

捨てるという行為によって、紙と、そこに書かれていることのすべてを手放そう。人生に、取り払ってもらおう。愛に、取り払ってもらおう。離れていくがままにするのだ。あなたは許される――許しを最も必要としている人によって。すなわち、あなた自身によって。

次に、誓う

自分を愛するという誓いを初めて書いたとき、私は追いつめられていた。なんとかして自分を救わなければならなかった。今でも覚えている――どんなに強くペンを握っていたかも、紙を突き破り机に文字を彫ってしまいそうだったことも。

書き終えると、私はペンを置いてノートを見つめた。いったい、私は何をしたのか。

目の前の、黒インクで書かれたそれは、誓いだった。誓いとは、全力で取り組む約束だ。自分に対する神聖な行為だ。立てた以上、守るほかなかった。

自分を愛するといってもどうすればいいのかわからなかったが、誓ったからには、方法を見つけなければならなかった。そのため、私は寝室にこもって、来る日も来る日も自分と向き合い続けて、ついに方法を見つけた。

その結果、何もかも失敗して自分を憎《にく》んでいた男が、自分を愛する男、人生を大切に思う男へ変わり、信じられない形でミラクルを経験した。ミラクルは、数年後の今も続いている。いや、いっそうたくさん起きている。

これが、誓いのパワーだ。それは、あらゆることを変えるのである。

何としてもやり抜く覚悟で突き進もう。後戻りはできない。「進んでみる」も「進みたい」

も「進めたらいいのだが」もなし。ただ前進するのみ。つまずいて倒れたときは、立ち上がり、体についた埃《ほこり》を払って、また先へ進もう。道はひとつしかない――前へ進む道しか。

今思うと、自分を愛する方法をよく突きとめられたものだと我ながら驚く。けれど、もう驚きはしない。今では知っているからだ――**自分に対して本気で約束すると、すべてが変わり始める**ことを。心のなかも、周囲の状況も。自分の周りに活気が満ちあふれていくのを感じられるようになるのだ。

ただ、このことをはっきり伝えておきたい。私がどん底にあったからといって、それは必須の条件ではない、と。誓いを立てるチャンスは、人生のどの瞬間にもある。どこにいても、状況がどんなに素晴らしく、あるいは最悪に思われても、今この瞬間こそが、態度をはっきり示すのに完璧なタイミングだ。自分のためにならないことに対して「もうたくさんだ」、自分のためになることに対して迷わず「イエス」と言う、申し分のないタイミングなのである。

シンプルこのうえない。間違いなく。

私は、健康とその維持《いじ》、経済状態、人間関係を変えるために、誓いを立てている。言うまでもなく、すべてを変えたその誓いとは、自分をまるごと愛するという誓いである。この誓いを、私は何度も何度も立てている。

人生は、人の理解が及ぶより深い。私たちのあり方にしても、私たちが考える以上に大きな方法で広がっていく。そのため、私たちがよりよい自分になれば、その影響を受けて、周りの人たちもよりよい自分になる。さらにその周りの人たちも。そうやって、どんどん輪が広がっていく。私たちが立てる誓いは、その最初の力とは比べものにならないほど大きな影響をもたらすのである。

例を挙げよう。自分をまるごと愛するという誓いによって、私の人生がすっかり変わった。けれども、それで終わりではない。私がトレーニングのことを話した友人たちも、人生がより素晴らしくなった。次いで、その友人たちのおかげで、私はトレーニングについて書こうと決心できた。始まりは、ひとりの人間の誓いだった。それが今、あなたはこうして、私が学んだ真実を読んでいるのである。

誓いが起こすミラクルを、私たちは予見することはできない。それは計り知ることのできないもの。きっと起きると信じるほかない。ただし、誓うたびに、それは起きる。

自分に対して誓いを立て、全力で取り組み続けると、予想外の効果も得ることができる。自信が飛躍的《ひやくてき》に高まるのだ。ほかに言いようがないのだが、人生の歩み方が変わるのである。

以前は尻込みしてできなかったことを、あなたは成し遂げられるようになる。なぜなら、必要なのは自分に誓うことだけ、全力で取り組むことだけだと気づくからである。やがて、歩むべき道を見出し、できると思っていた以上の成果を手に入れる。いつのまにか、新しい自分に対して然るべき尊敬の気持ちを持つようにもなる。

自分を愛するというのは、こんなふうに、考えただけでわくわくすることなのだ。

やってみよう ≫ 誓いを立てる

自分を許したら、ただちに、次の一連のステップを始めよう。過去を捨て去った今が、未来に足を踏み入れる絶好のタイミングである。

ステップ》1

紙とペンを用意し、どこか静かなところに腰を下ろす。誓いは手書きにするほうが、つまり、ペンを通じて言葉が生まれるのを目で見て、書いたものを心で感じるほうが、パワーを得られるように思う。コンピュータや携帯電話でもやってみたが、手で書くときのようなパワーを感じたことがない。

ステップ》2

自分を深く心から愛するという誓いを、全力で書く。少し怖くなるくらい力を込めよう。よかったら、私のやり方を参考にしてほしい。

時間的には、長くても短くても構わない。大切なのは、自分のなかで何かが呼び覚まされることだ。

ステップ》3

書き直す必要を感じたときは、最初からもう一度書こう。完全な形の誓いが持つパワーを感じてほしい。書くことにエネルギーを注げば注ぐほど、あなたはより多くを受け取ることになる。

ステップ》》4

誓いの言葉を、声に出して読む。何度も、何度でも。その言葉が、自分のなかで響き渡るのを感じるまで。

ステップ》》5

誓いを書いた紙を、毎日目にできる場所、できれば一日に何度も見ることになる場所に置く。私の場合は、机の上のノートがそうだ。ただ、どこに置くかはあまり重要ではない。自分に合う場所は、おのずとわかる。

気づいたときに目にできるよう、写真に撮って持ち歩くのもひとつの方法ではある。けれども、できれば、紙を置いている場所に毎日行こう。しばらくすると、そこへ行くたび、誓いのパワー（とパワーがもたらす成果）に自然と心が引き込まれることに気づくだろう。紙には、自分に対する誓いが、目に見える形で記録されている。あなたの潜在意識には、すぐにそれとわかる。

ステップ》》6

誓いを、毎日読む。少なくとも二度、読もう。一日の始まりに一度、終わりに一度。繰り返せば繰り返すほど、「溝」を深くすることができる。

読むときは、声に出してもいいし、黙読でもいい。ただ、毎回、誓いのパワーを全身で感じること。自分のすべてを無条件に、心から愛したら、どんな自分になれるかをイメージしよう。人生がどのように変わるかについても思いを巡らそう。イメージしながら全身で感じるこのステップは、重要だ。省略しないこと。

いつかまた誓いを書くときには――ぜひ、書いてほしい――、あらためて最初から書こう。誓いには、人生の今この瞬間におけるあなたの姿が反映される。一から書いたほうが、大きな成果がもたらされるのである。

10回の呼吸

自分を愛するためのトレーニングに励むにあたり、まず知っておいてほしいこととして、トレーニングを持続させるコツをお話ししよう。とても簡単な方法なので、あなたは笑うかもしれない。だが、その簡単さこそが、長続きの秘訣だ。

一日中、私は何をしているときであれ、中断し、10回の呼吸をする。それだけである。ただし、通常の呼吸とは異なる。深く、ゆっくり、意図的に息をする。ふだんの思考を完全にストップさせて、自分を愛することに全神経を集中するのである。

息を吸うときは、「私はわたしを愛している」と心のなかで言う。天上から光が流れ込み、体内へ広がっていくのを感じながら。息を吐くときは、取り払う必要のあるものすべてを、光に取り払ってもらう。光は管理できるものではなく、強制的に何かをさせることもできない。ただ光に任せる。身をゆだねると言ってもいい。

この呼吸の仕方を考えついたきっかけは、自分の怠け癖《ぐせ》をなんとかするためだった。状況がどんなによくなっても、結局、私はいつのまにか怠けて漫然と過ごすようになってしまった。何か簡単で、いやでもトレーニングを継続できるようになる方法を考える必要があった。その役割を果たしてくれるのが、この10回の呼吸だ。

肝《きも》に銘《めい》じておいてほしい。ミラクルの力を100パーセント引き出したいなら、何が何でもやり抜く覚悟で取り組む必要がある、と。**1回1回の呼吸を意識的に行い、自分を愛**

することに集中しよう。この秘訣を知ったからと言って、自分を愛するトレーニングをしなくてよくなるわけではない。ただ、もしあなたが怠け始めてしまっても、勢いが落ちないようにしてくれる。その力はとても強力なので、あなたは四の五の言わずに取り組むほかなくなる。

ジムで私を見かけた人は、私がトレーニングをひとつ終えると鏡のほうへ歩いていき、しばらく自分の目を見つめているのに気づくだろう。そのとき私は、10回の呼吸をしながら「鏡のワーク」に取り組んでいる。

あるいはマンションの外でなら、足を止め、しばし空を見上げ、それからなかに入ることがある。そんなときの私は、10回の呼吸をしながら「思考のループ」に取り組んでいる。

私の一日には、このような時間が数え切れないほどある。この時間を、なぜ持たずにいられるだろう。気分がいいし、自分を愛しているという「溝」を深くできるし、人生にミラクルをもたらしてくれる。いつでも、どこでもできるのも魅力だ。

ここから先では、10回の呼吸についても触れて、私がどのように行っているかがわかるようにする。あなたは、自分の日常への取り入れ方について、アイデアが浮かぶだろう。

第三に、トレーニングをする

私が社会人として最初に携わった仕事は、臨床研究だった。私は大学を出たばかり。メディカル・スクールへの進学に役立つことを願いながら、病院の救急外来でデータを集めていた。

私はなぜか、書くことに夢中になった。その後、起業を思い立ち、メディカル・スクールに進むことはなくなった。だが、救急外来での経験の影響は大きかった。ある意味、このトレーニングの基礎にもなった。

誓いを立てたものの、どうすれば自分を愛せるようになるのか、私はさっぱりわからなかった。世の中のいったい誰が、そんなトレーニングをしたことがあるだろう？　そのため私は、思いつくかぎりの方法を手当たり次第に試した。馬鹿馬鹿しいと思うこともやってみた。滑稽《こっけい》に見えても、単純すぎる気がしても、構わなかった。気にかけたのは、ただひとつ。効果があるかどうかだけだった。

頭のなかで臨床試験をしていたと言ってもいい。サンプルサイズは、私が救わなければならない、ただひとりの人間――私自身だった。

ある方法が効果的かどうかは、絶望的な気持ちを変えてくれるかどうかで判断した。変えてくれたら、続けて、さらに効き目を確かめた。効き目がなくなったり弱くなったりしたら、すぐにやめた。結果がすべてだった。

最終的に、次の4つが残った。

・思考のループ
・瞑想
・鏡のワーク
・クエスチョン

時間の経過に沿って説明すると、最初に決まったのは、思考のループだった。次が瞑想。次いで鏡のワーク。クエスチョンが決まったのは、問題解決に取り組む人たちに協力しているときだった。4つのトレーニングには、それぞれ独自の効果があった。

どれかひとつにだけ取り組みたいと、あなたは思うかもしれない。その罠《わな》にはまらないようにしよう。一つひとつも強力だが、4つが合わさると、効果は何倍にもなる。だから、私の人生にミラクルが起きた。

それにあなたは、自分の全存在を愛するという誓いを立てた。あなたには、何があってもやり抜く覚悟で取り組む責務があるのだ。

トレーニング1　思考のループ

誓いを書き、効果のありそうなことを手当たり次第に試すようになってから、私はあることに気がついた。**「私はわたしを愛している」と繰り返し自分に言い聞かせているあいだに、本気でそう信じる瞬間が生まれた**のだ。

はじめは、自分の心をだましているような感じがした。自分に嫌気がさし、絶望的になるのが常だったから、自分への愛情で胸のなかがあふれそうになるというのは、たとえ一瞬であっても、その、何と言うか……不思議な感じだった。

だが、そこには何かがあった。特別な何かが。それを私は心の奥深くで、はっきりと感じていた。

本気で信じる瞬間が増えれば増えるほど、心の状態が加速して変わっていった。そのため私は、本気で信じる気持ちを、思考のループに加えた。というより、自分自身への愛を、強引に自分に感じさせた。その気持ちの変化によって、私は次の段階へ進んだ。

そういう思考のループをすればするほど、私は健康になった。人生も輝き出した。まるで、思考と感情が合わさると、思考だけの場合より高いレベルで変化が生まれるかのようだった。

しばらくすると、そういう思考のループをラクにできるようになった。「溝」も深くなっていった。本気で信じる気持ちが、初めて自然に生まれたときのことは、今でもよく覚えている。マンションを出て、空を見上げていたときだった。強烈《きょうれつ》な気持ちが湧き起こった——自分を愛する、あの気持ちが。とても自然に。きわめて確かに。

このチャンスを逃すわけにはいかなかった。私は、自分を愛する気持ちが確かに生まれたことを、みずからに言い聞かせる必要があると思った。その気持ちが生まれたことをまだ信じられず、消えてなくなってしまうのではないかと不安だったのだ。私は急いでマンションに戻って階段を駆け上がり、部屋で「ミラクル」の節を書いた。

思考のループに感情（本気で信じる気持ち）を加えると、はじめは不思議な感じを覚えるだろう。ふりをしている気がするかもしれない。本当じゃないと思うかもしれない。その場合は、この問いを自分に投げかけよう。〈このやかましい心の声は本物か〉、と。

考えは、いわば数珠《じゅず》つなぎになっている。古い溝と古いパターンが勝手にぐるぐる巡っている。そして心は、紙吹雪のように乱れて動く。たとえば、ある問題を頭のなかで解決しても、明くる日にはまた別のことが問題になる。今日、誰かに対して怒るのをやめようと思ったとしても、週が明ければ別の誰かに怒りを覚えるかもしれない。一時的には立派だが、実際には何も変わっていない。

だから、この1本の「溝」が大きな力を発揮する。私たちはすでに愛とつながっているので、「溝」はおのずと、やかましい心の声を蹴散《けち》らし、うるさいおしゃべりを追い払う。古い思考のパターンが力を失うのである。

どん底にあったとき、私は自分がなぜ不安に基づく思考を好むのか、気にとめていなかった。けれども、たとえば目の前で火事が起きたら、必要なのは、燃焼についての講義ではなく、水だ。そのため私は、頭のなかで諸々の思考と戦うのではなく、重要な、ただひとつの考えに集中した。すなわち、私を救ってくれる考えに。聡明《そうめい》な友人が言ったとおり、私はまず自分の心のなかを変えて、生きるようになった。

結果として、今の私がある。これが、思考のループの力である。

やってみよう ≫ 思考のループ

思考のループは、とてもシンプルだ。機会があるたびに、「私はわたしを愛している」と繰り返すだけである。声に出してもいいし、心のなかで言ってもいい。自分に合う方法で構わない。それだけである。

これによって、あなたは心を、一点集中の「溝」へシフトさせることになる。あなたは布を手に取り、窓を拭く。きっと光が射し込むだろう。いや、必ず射し込む。

あなたの心は抵抗《ていこう》するかもしれない。意識的にただひとつの考えに集中するなど、とてもふつうとは言えない。そのようなメンタル・トレーニングを教わることもない。そのため、記憶と感情が前面に出て、逆のことをせよと、あなたに告げるだろう。

一つめとして、言っておきたい。それは当たり前のことだ。自分に優しくなって、トレーニングを続けよう。新たな「溝」をつくるというまさにこの行為が、自分を愛するひとつの行動になる。

二つめとして、不安の声に耳を貸さないようにしよう。そうした声はどれもが、幻の蛇だ。あなたは、あなた自身を救うために、蛇の群れのなかに足を踏み入れる必要がある。

冒険の旅に出る英雄は、宝を手に入れるまでにはさまざまな困難にぶつかることを知っている。壮大な冒険に困難はつきものなのだ。あなたのストーリーでは、あなたが英雄である。そして、幻の蛇という困難にぶつかることになる。

さて、三つめ。幻の蛇の群れに足を踏み入れると、自分への信頼が生まれる。幻の蛇より自分のほうが強いと気づくのだ。ただし、このことは、どのような本も人も教えてくれない。あなたは自分で気づくほかない。

思考のループには、1日か2日あれば少し慣れるだろう。そうしたら、感情（本気で信じる気持ち）を加えよう。これによって、次の段階へ進むことになる。

なぜ、順を追って進むのか。なぜなら、最初から何もかも詰め込んでしまったら、心がいっそう強く抵抗してしまうからだ。そのため、少しずつ進むのがいちばんいい。まず溝をつくり、その溝を深くしていく。すると水が流れ始める。

感情（本気で信じる気持ち）を加えるためには、ゆっくりと、意識的に呼吸しよう。吸うときには、「私はわたし（myself）を愛している」と心のなかで言い、それから愛が胸の奥底から湧き起こるのを感じよう。愛を光としてイメージすると、うまくできる。息を吐くときは、浮かんでくるすべてのものを手放す。愛は、無理やり湧き起こらせるわけにはいかないし、いかにも湧き起こっているかのようなふ<ruby>り</ruby>のできるものでもない。それはむしろ、湧き起こるがままにする感じだ。なぜなら、愛はすでにあなたのなかにあるのだから。

これを繰り返せば繰り返すほど、「溝」が深くなる。どんどん、潜在意識の一部になっていく。「溝」をひとりでに思考が巡るようになり、やがて、その思考を、心がより強力に表すようになる。

「私は私（me）を愛している」のほうがいいと言う人もいる。「私は愛されている」がいいと言う人もいる。どの表現でも、効果に変わりはない。言葉の裏にある意志こそが重要であることを、忘れないようにしよう。このトレーニングで重要なのは、自分への愛に全神経を注ぐ意志を持つことだ。

はじめは、がむしゃらに取り組んでほしい。全力を尽《つ》くすこと。やがて自分のなかの世界が変わることに、その後、外の世界も変わることに気づくだろう。何が何でもやり抜く覚悟で取り組もう。

だが、もし私と同様なら、状況が驚くほどよくなると、あなたはそのうちペースダウンするだろう。それは別に構わない。人生は長く、独自のテンポで進んでいる。ただ、そうなったときには注意が必要だ。トレーニングをやめてしまったら、いつのまにか、古い考え方へ逆戻りしてしまうのである。

もっとも、昔の考え方に、完全に戻ることはない――なんだかんだ言っても、あなたは新しい強力な「溝」をつくったのだから。ただ、過去の「溝」は底が深い。その「溝」は、今までの全人生という長い年月をかけて掘られたもの。そして今、あなたが直面しているものだ。

では、トレーニングを継続するコツを紹介しよう。

朝、目が覚めたとき

深く長く息を吸い、心のなかで、あるいは声に出して、「私はわたしを愛している」と言う。光が天上から頭のなかへ流れ込み、体内を降りていき、必要なところへ流れていくのをイメージする。自分を愛する気持ちを感じよう。それから息を吐く。

10回息をするあいだ、これを行う。一日を始める、またとない方法である。

日中

心がふらふらと闇――怒り、苦しみ、悩み、不安など――へ向かい始めたら、布を手に取り、窓を拭く。

気持ちの「シフト」を、意識的に行おう。ネガティブなことばかり考えていると気づいたら、自分を愛する気持ちへシフトするのである。これを、朝から晩まで行う。シフト。シフト。どんどんシフトしよう。

シフトするときはその都度、深呼吸を10回しながら、全力で思考のループに取り組む。何らかの困難に直面したりストレスを感じたりしているなら、このトレーニングに時間をかけて取り組むと、とても役に立つ。また、**惨めな気持ちになるのも自分を癒やすのも、結局のところ自分次第であることがわかるようになる。**ついでに言えば、癒やすチャンスは常にある。

シフトするたびに、新たな「溝」を深くすることになるのだと、肝に銘じておこう。はじめは、やらなければならない仕事のように感じるかもしれないが、やがて自然にできるようになる。「溝」を、思考がひとりでに流れ始めるのである。

夜、眠るとき

朝、目覚めたときにしたことを繰り返す。眠るとき以外、やめてはいけない。眠りにつくまで、繰り返そう。

必然的に、集中力が途切れるに違いないが、気がついたらそのたび、新しい「溝」へ戻ろう。これを繰り返すと、信じられないくらい素晴らしい効果を得ることができる。眠りに落ちていくときに、自分への愛を重ね、次第に厚くしていくのだ。

これは、一日を終えるにも、またとない方法である。

トレーニング2 瞑想

瞑想は、4つのトレーニングのなかでいちばん強力だ。

ただ、最初はその効果を実感できないかもしれない。たいてい、じっと座ってはいるものの、あれこれ雑念が浮かんできてしまう。自分の生き方はこれでいいんだろうか、こんなことをしてどんな成果を得られるんだろうか、なぜ鼻がかゆいんだろう、この本は返金に応じてもらえるだろうか……。

だが、そのように雑念だらけになっているときでさえ、**静寂《せいじゃく》が訪れる瞬間がある。心が脇へ寄って道をあける瞬間が。光が入ってくる瞬間が。その時間があれば、十分だ。**

忘れないでほしい。光こそが、癒やしを与えてくれることを。光こそが、変化をもたらすことを。光を射し込ませる以外、私たちにできることは何もない。強制することはできない。射し込んでもらうほかない。

私の場合は、毎回同じ音楽をかけながら行うことで、このトレーニングの効果がいっそう高まった。私を前向きな気持ちにしてくれる音楽である。心地よいので、心を無理なくポジティブ・モードにシフトして、目を閉じ、瞑想を始めることができた。1週間足らずで、その音楽が始まったとたん、ひとりでに心に静寂が訪れるようになった。そして光が射し込んだ。

このトレーニングを始めてあなたがどんな気分になるかを約束することはできない。けれども、これは約束できる。トレーニングをして、光が天上から流れ込み、体内を降りていくイメージに意識を集中するなら、ほどなく、自分の内部で変化が起きるのが感じられるようになることを。さらには、このことも約束する――あなたの人生が変わる、と。

やってみよう ≫ 瞑想

瞑想のトレーニングは、シンプルだ。自分にとって心地よい音楽を用意する。目を閉じる。息を吸うときは、そのたびに、光が天上から流れ込むのをイメージし、〈私はわたしを愛している〉と心のなかで言う。

心に浮かんでくるあらゆるものを、息を吐くときに手放す。雑念が浮かんできたら、息を吸うことにふたたび意識を集中する。これを、音楽が終わるまで続ける。私は、7分と少しかかる。

心が抵抗するかもしれないが、負けないこと。忘れないでほしい――愛へ続く道には、幻の蛇がいることを。蛇が本当は幻だと認識すると、あなたに対する影響力がおのずと弱くなる。ここに、このトレーニングの本質的な価値がある。

毎日、同じ音楽をかけて取り組む。できれば、決まった時間に行おう。瞑想の時間を心のよりどころとして、日々の生活を整える。数回取り組んだら、思考のループのときと同様に、感情（本気で信じる気持ち）を加える。

瞑想で使う音楽は、ほかの時間には聴かないことをお勧めする。心が平凡な日常とつながるのは、避けたほうがいい。瞑想は、集中した素晴らしい時間、布を手に取って窓を拭き、光に入ってきてもらう時間である。この時間を常に、特別な時間にしよう。

トレーニング3　鏡のワーク

これは、多くの人が敬遠するトレーニングだ。私は次のようにアドバイスする。やりたくないと思うものこそ、取り組むべきものだ、と。抵抗感の正体は、生き残りをかけてあがく、染みついたループやパターンだ。あなたをずっと支配してきた、あのループやパターンである。今こそ、それらを捨てるときだ。

私がこのトレーニングを見つけたのは、偶然だった。ある夜、声に出して「思考のループ」をしていた私は、鏡に映る自分をじっと見つめた。そのまま、「私はわたしを愛している。私はわたしを愛している。私はわたしを愛している……」と続けた。

すごい。なんだか、パワーがみなぎってくる感じがした。

私は、より深く自分と結びついていた。5分ほど経って耳鳴りがした。けれども、心のなかは、穏やかになったように感じた。何かこう、形が整ったような。それはとても不思議な感じだった。

私はこのトレーニングを毎日続けた。いろいろ試してわかったのだが、目を見つめるのがコツだった。顔じゃない。髪でもなければ、ほかのどの部分でもない。さらに言えば、**目しか見えない距離まで鏡に顔を近づけて、それから「私はわたしを愛している」と心のなかで言うのがポイント**だ。

これにより、愛を肉体的自己に強力に結びつけることになる。また、目に集中するため、顔や体について判断をしなくなる。繰り返し実践すればするほど、そうした判断が消えていく。

これは格別のトレーニングである。自分と恋に落ちるのだ。

やってみよう ＞＞ 鏡のワーク

鏡に映る自分の目をじっと見つめながら、思考のループを5分間、ノンストップで行う。できれば、少しのあいだ呼吸を止め、目を見ることに集中する。これを行えば行うほど、自分の素晴らしさを感じるようになる。

その後は、思考のループや瞑想のときと同様だ。数回取り組んだら、感情（本気で信じる気持ち）を加えよう。

歯磨きなど何かほかのことをしながら取り組むのは、お勧めしない。では、最適なのはいつかと言えば、できるなら瞑想の直後がいい。朝、瞑想と鏡のワークを連続で行うと、気持ちよく一日のスタートを切ることができる。

「私はわたしを愛している」とはっきり声に出して言いながら取り組むほうが、効果が高い。それがはばかられる場合は、小声でもいい。**肉体的な活動、つまり、自分を愛してい**

ると声を発して繰り返すことと、自分の目をじっと見つめることが結びつくと、何かが起こる。自分のなかで変化が起き、光を呼び込むのである。

このトレーニングのポイントは、集中することだ。ほんの5分間、自分を愛することに、全力で臨んでほしい。感情的にも、肉体的にも。この贈り物を、自分に与えよう。

トレーニング4　クエスチョン

私たちはたやすく、頭のなかで身動きがとれなくなり、同じ考えをループのように、無意識に再生し続けてしまう。いたって当たり前に思えるため、あらためて考えることはまずない。だが、そのようなループの大半は役立たない。最悪の場合には、自尊心をつぶし、私たちを愛から引き離してしまう。

そのため、今この瞬間にするべき適切な問いかけをすると、効果を得ることができる。まず、心のあり方が変わる。つまり、自動的に再生することがなくなる。次に、問いに答えることによって、意識的な選択をすることになる。最後に、選択することにより、決断と行動が生まれる。

問いを発し、そして答えることによって、私たちは事後に対応するのではなく、先を見越して行動できるようになる。ここから、劇的な変化が生まれる。私は、自分を愛するために、次のように問いかけている。

もし、自分を深く心から愛しているなら、
自分にこの経験をさせるだろうか。

「もし」で始まるこの問いによって、自分のなかに浮かぶあらゆる反論が取り払われる。つらくて、**自分を愛するなど到底できないと思っていても、この問いに対しては、心が正しいと知っている現実的な答えを返す**ことになる。

このように問いかけるのは、他人と関わる際に、またとない手段になる。**相手の気持ちがどうであれ、自分がどのように考えるかで選択が決まるのだ。常に、である。**そのために私は、相手の反応を見て対応する考え方からシフトするために、次のように問う。

もし、自分を深く心から愛しているなら、

私はどのように行動するか。

この問いは、人生の選択をするのに最適だ。バックミラーに映る自分の考えではなく、未来に注目させてくれる。何が起きても、私がどんな失敗をしても、必要なことへと私を導いてくれる。実を言えば、私がこの問いをしたから、あなたは今、本書を読んでいる。

本書のオリジナル版を書き上げ、出版を約束したのちも、私はまだためらっていた。シリコンバレーでのキャリアが台無しになるのではないかと怖かった。そこである晩、その問いかけを自分にした。

答えはシンプルだった。「自分が見つけた真実を、みんなに話そう」。それが答えだった。きわめて重要なことなので、話さないわけにはいかなかった。たとえ笑われても、そんなのは無視して、私はわたしを愛していこう。いずれにせよ、ミラクルがきっと起きる——どんなことかはわからない。ただ、自分を愛することによって、私は見紛《みまが》いようのないミラクルを経験し、それが現実として起こることを知っていた。

この問いに答えることによって、私の思考は不安から真実へ、さらに行動へシフトした。

本の出版も後押しされた。驚くほど多くのミラクルが人生に起きるという結果にもつながった。

もしあなたが絶望感に打ちひしがれたり、どうすればいいのかと途方に暮れたりしているなら、次の問いを自分にしてみてほしい。すると、きっと選択と行動へ導いてもらえる。

私は今、光のなかにいるだろうか、それとも闇のなかにいるだろうか。

この問いを、私は思案に暮れると、自分に対してする。

答えが「光」なら、何も問題はない。私はその考えを突きつめ、掘り下げる。ちなみに、自分を愛すれば愛するほど、光のなかにいる時間が増える。

一方、答えが不安、怒り、独善、苦しみであるなら、闇のなかにいるということだ。闇は、戦うわけにはいかないし、追い払うこともできない。そんなことをしても、闇を濃くするだけ。私自身が今というこの瞬間から引き離されてしまうだけだ。

そのため、うまくいくとわかっている方法に立ち戻る。布を取り出し、窓を拭く——そして、10回の呼吸をしながら、「私はわたしを愛している」と繰り返す。これによって、ただちに闇を抜け出せることもある。10回より多く続けなければならないときもある。それは、自分がその考えとどれくらい格闘《かくとう》しているかによる。ただ、いずれにしても、前進することができる。

やってみよう ››› クエスチョン

前述の三つの問いを、いっぺんに全部使いたいと思うかもしれないが、それはやめておいたほうがいい。今この瞬間に問答することに慣れていない場合、選択肢が複数あると、迷いが生じてしまう。迷う時間ができれば、染みついた古いループが忍び寄ってこないともかぎらないのである。

問いもまた、明かりのスイッチだ。あなたは、それをオンにする習慣を身につけさえすればいい。ひとつの問いを繰り返して「溝」を深くし、自然にできるようになったら、ほかの問いも取り入れよう。

最初はこの問いから始めるといい。〈もし、自分を深く心から愛しているなら、私はどのように行動するか〉。

この問いは、およそどんな考えや状況に対しても使うことができる。これだけで、人生が上向くだろう。

問いかけを繰り返して「溝」を深くする方法は、次のとおりだ。

あなたにとって重要なことをひとつ選ぶ。それは人間関係かもしれない。健康かもしれないし、個人的なあるいは仕事上の目標という場合もあるだろう。次に、そのことに関して行動するたびに、前述の問いを自分に投げかける。

「もし、自分を深く心から愛しているなら、私はどのように行動するか」

その答えによって、あなたは染みついたパターンを離れて選択へ、次いで行動へ移ることになる。そうするのが当たり前に感じられるようになったら、人生のほかのことについても同じ問いかけをしてみよう。

この第2部「自分を愛する方法」を書くにあたり、私はその問いを使っている。私の責務は、自分が知ったあらゆることを第2部に盛り込むこと。そのため、なんらかの誘惑があって書くことから引き離されそうになると、そのたびに自問する。「もし、自分を深く心から愛しているなら、私はどのように行動するか」答えて、その答えのとおりを、私は実行する。

三つの問いは、心の役にも人生の役にも立たないものからあなたを遠ざけてくれる、最強のツールなのである。

次の段階は「感謝」

私たちは、息を吸うときに「私はわたしを愛している」と言い、息を吐くときに、浮かんでくるあらゆるものを手放すことによって、まず「溝」をつくった。次に、「溝」を深くし、感情（本気で信じる気持ち）を加えた。これにより、私たちは闇を抜け、光のなかへ出た。

ここから、次の段階になる。息を吐くときに変化を感じたら、次へ進む準備が整ったということだ。自分のなかで透明感が増し、気持ちがより穏やかになるのを感じる。それが、「溝」をさらに深く掘る合図だ。

息を吐きながら、「ありがとう」と言おう。感情（本気で信じる気持ち）を込めて。

誰しも、もし今、**自分自身を愛し、ミラクルを経験していたら、自然と感謝が湧き起こるだろう**。誰に、あるいは何に感謝するかは、人それぞれだ。大切なのは、ありがたいと思うその気持ちである。

段階が進んでも、やることはやはりシンプルだ。息を吸いながら、「私はわたしを愛している」と言う。息を吐きながら、「ありがとう」と言う。そして、愛と感謝を感じる。これを思考のループ、瞑想、鏡のワークに取り組むときに実践する。

息を吸いながら光を取り入れ、感謝とともに息を吐く。すると、闇の入り込む余地がなくなる。しっかり行えば、やがてこのループがひとりでに回り始める。それこそが、あなたの目指す姿。呼吸するごとに、愛と感謝が当たり前のように表現されるあり方。その経験たるや、実に素晴らしい。

ここから始めたいと思った読者は、やってみるといい。あなたの人生だし、結果がすべてだが、その結果もまたあなたのものだ。ただ、私の学びをお話ししておこう。最初からいっぺんに詰め込んでしまうと、比例して、心の抵抗が強くなる。かの幻の蛇たちも不気味にのたくる。けれども少しずつ進めば、抵抗が減る。プロセスがすんなり進みやすくなり、きっとよい結果を得ることができる。

私は「溝」をつくり、自分のなかで起きることを観察し、私にとって自然だと感じる方法で「溝」を深くすることによって、今の自分になった。地図など必要なかった。ほかのすべての人と同様、私もすでに愛とつながっている。そのことを受け容れてしまえば、「溝」は実際、ひとりでに深くなっていくのだ。

自分のための儀式

軍の基礎訓練では、兵舎に入る前に、腕立て伏せを20回しなければならなかった。疲れ果てていようと、兵舎を出たり入ったりし通しの日であろうと、関係なかった。皆、腕立て伏せをし、それから兵舎に入った。

そのような一種の儀式は、至る所にあった。射撃練習場であれカフェテリアであれ、まず腕立て伏せと懸垂《けんすい》をして、それから入らなければならなかったのだ。これだけで、かなりの新兵が体を鍛えることになったに違いない。数カ月経って訓練が終わっても、私は何かの建物に入ろうとするたび、床に手をついて腕立て伏せを20回始めそうになるのをぐっと抑えなければならなかった。その儀式は私のなかに、深く強く染みついていた。

私はこの儀式という考え方をトレーニングに取り入れた。それによって、すべきだとわかっていることが、特に意識しなくてもできるようになった。

たとえば、腰を据えて書くときはいつも、目を閉じて、深く呼吸をし、自分に対する愛を感じる。浮かんでくる言葉に感謝する。この思考のループは実践するたびにパワーが増すので、自然と私は自分を愛する気持ちへシフトし、「溝」をその言葉が流れるようになる。

朝は瞑想をする。マンションに入る前には、10回の呼吸をする。目覚めたときと寝る前にも同じく、10回の呼吸をする——いずれも、自分のために考えた儀式だ。

歯を磨くべきか否かと悩んで、毎朝の時間を無駄にすることはないだろう。つべこべ言わずにやる。それが、儀式のパワーだ。儀式は習慣という名の「溝」をつくる。習慣には、よいものもあれば悪いものもあるが、これが私たちの人生を左右する。

目が覚めたとき、眠るとき、日中のふだんの行動のときにできる、自分自身を愛するための儀式を考えてみよう（ふだんの行動とは、食事から仕事のミーティングまで、あらゆることを含む）。儀式を無理なく自然にできるようになればなるほど、それはあなたの一部になっていく。

このトレーニングを飛ばさないでほしい。**儀式として行う行為は、誓いを具体的な形にするアプリケーションだ。これがなければ、する必要のあることを先延ばしにしてしまう可能性が高くなる。**儀式がなかったら、最初にすべきことを後回しにしてしまいかねないのだ。

もし今、困難にぶつかっているなら、自分を愛するための儀式をただちに始めよう。瞑想を何度も繰り返す。機会あるごとに鏡のワークをする。10回の呼吸を、一日を通して行う。これによって、困難を切り抜けやすくなるだろう。

行動を振り返る

静止している物体は、なんらかの力を受けないかぎり、静止したままである。これがニュートンの運動の第一法則だ。慣性の法則とも言われる。発射台のロケットは、ブースターが点火されないかぎり、打ち上げられない。これは、自分を愛するときにも言えること。誓いというエネルギーがあって初めて、打ち上げが可能になる。

では、ロケットを上昇させ続けるには、どうすればいいのか。

私たちが、最初の熱い思いが冷めてしまったのちも、自分を愛し続けてゆくにはどうすればいいのか。やるべきことがほかにいろいろあるときや、気乗りしないときに、どうすればトレーニングできるのか。答えは簡単だ。自分の行動を振り返るのである。

カレンダーを用意し、毎日の終わりに、その日取り組んだトレーニングについてチェック印をつける。全部に取り組めたときは、その日全体に大きく×印をつける。途切れることなく×印が並ぶのを見ると、大きな満足感を得ることができる。

私たちは、サボる理由について、実にもっともらしい言い訳を考え出す。それは古い思考のループの生き残りをかけたあがきであり、責任が私たち以外のものに巧みに転嫁されてしまう。だが、どんな言い訳をしようと、カレンダーに印がないことはごまかしようがない。何の印もついていないカレンダーは、するべきことをしていないという事実を、私たちに突きつけるのだ。

私は印を、最初からつけていたわけではなかった。だが、**やがて人生がうまく進み始め、怠けて漫然と過ごすようになってしまったとき、自分の行動を毎日振り返ってチェックすると、すんなり次の段階へ進めることに気がついた。**それはとても簡単な方法だった。

さらに言えば、**軌道修正は、人生に強制されるより前に自分でするほうがいい。**人生に強く注意を促される頃にはたいてい、とんでもなく苦しい思いをして修正することになるのだ。

死守すべき一線

どんなに固く誓っても、どれほど毎日自分の行動を振り返っても、いつか気がゆるんでしまうときが来るだろう。トレーニングをいくつか飛ばしてしまうかもしれない。怠けて漫然と過ごしてしまうかもしれない。大切なのは、そういう自分の状況を正直に認めること。そのためのプランをお話ししよう。

まず、自分を責めてはいけない。人間なら誰も、「完璧《パーフェクト》」などあり得ない。転び、起き上がる。これは、生きるうえでの決まりごとのひとつだ。

次に、**トレーニングのうち、あなたが欠かさず、何が何でも取り組もうと思うものを任意に選ぶ**。それが、あなたの死守すべき一線。誓いを守るためにするべき、最低限の行動である。

私にとっての死守すべき一線は、瞑想だ。今日がどんな一日だったとしても、瞑想をしないで眠ることはない。そうすることで、たとえ自分に誓ったトレーニングを全部はできなかったとしても、少なくとも自分にとっていちばん重要なものだけは続けてきた。これにより、勢いを持続させることができる。そして明くる日はまた、すべてのトレーニングに取り組む。

次のように死守すべき一線を決めると、勢いを持続できる。

・1日に1回、瞑想をする。
・1日に1回、鏡のワークをする。
・10回の呼吸をしながら、思考のループを1日に10回行う。

あなたにとって最も効果を感じるトレーニングをひとつ選び、死守すべき一線として取り組もう。ただ、できるだけ早く、また全部に取り組んだほうがいい。ミラクルを起こすには、それがいちばんの近道なのだ。

人生を変えるための1カ月

さて、もうおわかりだろう。自分を許し、誓いを立て、トレーニングを重ねる。そして、まず自分の心のなかを変えるところから、すべてが始まる。

この世界に「完璧」などない。何事も、無理に起こすことはできないし、起こそうとして起きるものでもない。できるのは、打ち込んで取り組み、ゆだねることだけ。光に入ってきてもらい、照らしてもらう。これは、私たちの誰もができること。どんな人生を歩んできたとしても、愛と深くつながっていない人はいない。

そんなふうに生きれば、人生の流れに溶け込むことができると、私は考えるようになった。抗《あらが》ったりもがいたりせず、ものごとの自然な流れと調和できるようになる、と。自分のなかの世界が変われば、外の世界までもが変わるのは、おそらくそれが理由だ。

自分を許し、誓いを立てたら、1カ月のあいだ欠かさずトレーニングをしよう。これを実践したために、まず私の人生が変わった。さらには、私の話を知った読者たちも、同様の経験をしている。

誓いは、期限を設けると突然、現実味を帯びる。結果として、実現する可能性がぐっと高まる。そのため1カ月間、誓いに真摯《しんし》に向き合おう。どれくらい実践できたか毎日振り返り、死守すべき一線を定め、儀式を設ける。何が何でもやり抜く覚悟で臨むこと。たった1カ月。深く心から自分を愛し、人生を変えるための1カ月だ。

第2部のここから先では、私が長年のあいだに、自分を愛する取り組みに付け加えてきたあれこれを紹介する。自分に合っていると思うものがあれば使ってほしい。ただし、4つのトレーニングは土台として、毎日欠かさないこと。

子ども時代の自分を愛する

私は別れに関して、いつも苦しい思いをしてきた。誰かとの関係が終わると、自分には価値がなく、奈落《ならく》の底に落ちるかのような気がするのだ。それは、深く深く掘られた「溝」。だから、トレーニングをたゆまず続けて、替わりとなる新しい「溝」を、何としてもつくらなければならない。さもないと、あの苦しみを、また味わうことになってしまう。

自分がその「溝」を持っている理由に気づいたのは、瞑想をしているときだった。私の母は父から暴力を振るわれていた。ある日、特にひどい暴力を受けたあと、母は買い物に出かけ、そのまま戻ってこなかった。実を言えば、それは母と私が立てた計画だった。父が寝入ったら、私は弟とともに家を抜け出し、近くで母と合流するつもりだった。

だが私は父に見つかってしまった。そのときのことは、今でも覚えている。見下ろした階段のずっと先に、鍵《かぎ》のかかったドアがあった――。私は何度も抜け出そうとした。けれども失敗に終わってしまった。

それからしばらくのちのある午後、弟と私は父に連れられて公園へ行き、母に会った。私たちはベンチに座り、父は母に家へ帰ってくるよう説得した。その一方で、私が母に触れることは許さなかった。そのときの気持ちを、私は一生忘れない。母に触れたくて、抱きしめてもらいたくてたまらない、胸の痛みを。

別れがきて、私が平常心を失っても、無理からぬことではないだろうか。渦中《かちゅう》にあるのは、筋の通った考え方ができ、人生とはどういうものかを知っている大人ではない。周囲の力を頼り、愛に飢《う》えている、幼い少年だ。

ただ、少年の心を満たすことは、ほかの誰にもできない。どんな関係にも品物にも薬にもできないし、どこかへ、あるいは何かに逃避しても、やはりできない。それは、私にしかできない。そのため、瞑想中にまた同じことが起きたとき、私は自分の内面に集中し、目を閉じ、心に少年の姿を思い描いた。それから、少年を抱きしめ、愛を注いだ。ただひたすら、愛した。

そう、それが少年に必要なすべてだった。少年は落ち着きを取り戻した。少年の苦しみがぶり返したときはいつでも、私はまた彼を抱きしめ、愛する。それは、自分の分身を愛する時間でもある。

誰もが弱さを持っている。私の場合はたまたまこれだった。あなたの弱さはまた違うかもしれないが、根っこにあるものは同じだ。私たちは人間であり、愛と不安という魂《たましい》の糸で誰もがつながっている。

子ども時代のどんな出来事が心のなかに見つかったとしても、まずは受け容れよう。それは、あなたが歩んできた道の大切な一部。かけがえのない素晴らしい今のあなたをつくってくれたのは、それらの出来事である。

受け容れたら、次はその部分を愛する。過去に必要だったものを、今こそ自分に与えよう。すると真実がわかる——今の自分を、自分はずっと必要としていたのだ、と。

やってみよう ≫ 子ども時代の自分を愛する

ステップ≫1

静かな場所で、腰を下ろすか横になる。これまでと同様、できれば、心地よくなれる場所を選ぼう。

ステップ≫2

目を閉じて、思考のループに取り組む。愛を感じながら息を吸い、息を吐くときには、心身に生じるあらゆるものを手放す。天上から、光に流れ込んでもらう。自然なリズムができるまで、これを繰り返す。

ステップ≫3

一方の手を、胸の上(心臓があるあたり)に置く。かつて、幼い頃のあなたのために鼓《こ》動《どう》していたのと同じ心臓である。

ステップ〉〉4
準備が整ったら、幼い自分を目の前に思い描く。あなたか、幼いあなたかのどちらかのなかに気持ちがこみ上げてきても、そのまま、あふれ、流れるがままにする。

ステップ〉〉5
少しのあいだ、鼓動に集中する。鼓動は、あなたたちふたりのもの。あなたたちはシンクロしている。

ステップ〉〉6
しばらくしたら、幼いあなたに、あなたの愛を与える。

幼いあなたを抱きしめて言う。

「あなたを愛している。あなたを愛している。あなたを愛している……」

離れて立っていても、あなたはこれをできる。

光が、あなたのなかを巡り、幼いあなたに流れ込み、消える必要のあるあらゆるものを消し去るのを感じてほしい。愛しているという言葉は、心のなかで言ってもいいし、声に出して言ってもいい。

細かいことは重要ではない。大切なのは、あなたの意志だけ。幼い自分に愛を与えよう、自分が持っているすべての愛を、幼い自分に与えようとする意志である。

ステップ》》7

長年抑えつけられていた感情が湧き起こっても、驚かないように。その感情を解き放って、自由になろう。

ステップ》》8

解決すべきことや正すべきことは何もないし、ほかにするべきことも何もない。愛を与え、穏やかな気持ちになったら、目をあける。

ステップ》》9

もう一度、しばし鼓動に集中する。これで終了。

ちなみに、愛を与える相手は、子ども時代の自分にかぎらない。昨年のあなたでもいいし、昨日のあなたでもいい。つらい経験をしてまだ日が浅い場合、これらのステップは特に役に立つ。

過去のあなたに、当時あなたが必要としていた愛を与える。これは、あなたにできる、きわめて強力な行動である。

未来の自分から愛を受け取る

ある日、私は子ども時代の私に愛を与え、それから次のように自分に問いかけた。

「いずれ私も年を取り、今より知恵がつく。そのときの私は今の私に、どんな言葉をかけるだろう」

この問いに、私は背筋がピンと伸び、わくわくした。未来の私は、私がした経験と私がまだしていない経験とを持っている。私にはない、あとから考えればわかる知恵を持っている。私と同じ立場でなければ持ち得ない、私への愛と思いやりを持っている。ほかの誰より、私のことを深く理解してくれている。

答えは、考えるまでもなかった。未来の私は、私が過去の私にしたのと同じことをするだろう。

そこで、私は目を閉じ、思考のループをして、未来の私が目の前に立っているところを思い描いた。未来の私は、愛と思いやりにあふれた笑みを浮かべている。それから、私を抱きしめ、頭のてっぺんにキスをし、私に愛を与えた。

私がすべきことは何もなかった。ただ、愛を受け取るだけ。私の愛を。

ぜひ、やってみよう。

愛を与える

大切な人とうまくいっていないとき、私は思考のループをし、自分がその人を強く抱きしめているところを思い描く。それから、その人の頭のてっぺんにキスをして、愛する。ただそれだけ。

これをすることによって、私は、怒りや苦しみやわだかまりから離れることができる。そういう気持ちはすべて闇だ。そこに光が流れ、相手と私のあいだにあるあらゆるものを癒やしてくれる。大切なことは何かを、思い出させてくれる。

これをするときに、忘れないでほしいことがひとつある。**大切なのは、あなた自身を変えることであって、相手を変えることではない**、と。また、愛を与えたら、自分への愛が減るのではないかなどと心配に思わないこと。

愛は、物乞いの鉢《ボウル》ではない。人生そのものとつながる深い井戸だ。**愛があなたのなかにたくさん流れれば流れるほど、愛はより多くの変化をあなたにもたらす。**また、**それに伴って、あなたはいっそう多くを受け取ることになる。**

パラシュート

ときには、自分を愛することが、とても難しくなってしまうかもしれない。苦しみに囚われているときなどは特に。そんなときは、自分にこの言葉を言い聞かせよう。**〈人生は私を愛してくれている〉**、と。

あなたが神を信じているなら、「人生」の代わりに「神」とする。あるいは、何十億個もの銀河へ、究極的にはあなたへとつながる、「ただひとつのきらめき」としてもいい。これによって、あなたは自分より大きなものとつながることになる。

何度も何度も、自分に言い聞かせよう。いや、むしろ一切を脇へ置き、この言葉をループとして使って瞑想するといい。息を吸うときは、光を受け取る。この言葉が現実になったところを思い描き、そのときの気分を想像する。頭で考えて言うだけでなく、心で感じよう。

心身に生じるものすべてを、息を吐くときに手放す。これを繰り返す――息を吐くときに、「ありがとう」のひとことだけが浮かぶようになるまで。

瞑想を終えても、機会があるたびに、「人生は私を愛してくれている」という言葉が現実になったところを思い浮かべる。10回の呼吸をするあいだだけでもいい。その言葉が自分の強い信念になるまで繰り返そう。

これはパラシュートだ。きっとあなたの役に立つ。あなたがみじんも信じていなくても、パラシュートは力になってくれる。あなたが重力や空気抵抗についてどんな考えを持っていようと、効果を発揮する。

第一に、心に浮かぶ、気力を萎《な》えさせるストーリーからあなたを遠ざける。第二に、あなたの目をあなたの外へ向けさせ、今生きているという、統計的に見て意味深い贈り物に気づかせる。第三に、あなたが愛されるにふさわしい存在であることを、あなたに思い出させてくれる。

気持ちをシフトできたら、また自分を愛していく。ただ、必要なときはいつでも、このパラシュートを使おう。

より大きなもの

私たちはより大きなものの一部だ、と私は思っている。ちょうど、大火のなかの火花のような。そのことを、自分を愛する取り組みは私に教えてくれた。そして、**自分にコントロールできる範囲をはるかに超えた、論理的に説明できないものが、私の人生を変えた。**

私の考えを、そのまま信じなくても構わない。信じなくても、人生は流れるべきとおりに流れていく。ただ、このことを私がどのように活かして、トレーニングをより高いレベルへ引き上げたかについてお話ししたい。

前節で、パラシュートを紹介した。使う原則は、ここでも同じだ。ただし、パラシュートのように、必要になるまで待つのではなく、自分を愛することとミックスさせる。次のような具合である。

目を閉じ、天上から光が降りてきて私を包むのを感じ、息を吸うたびに「私はわたしを愛している」と数回繰り返す。それから言葉を、「『私より大きなもの』が私を愛してくれている」に替える。「私より大きなもの」は、「人生」でも「神」でも「宇宙」でも、しっくりくるものなら何でもいい。

私は直感に従って、二つのフレーズを行ったり来たりする。何より重要なのは、**「私はわたしを愛している」と「私は存在するあらゆるものによって愛されている」が合わさったときの感覚を、じっくり味わうこと。**これは、得《え》も言われぬ経験である。

息を吐きながら、心身に生じたあらゆるものを手放す。ただ、終えるまでに必ず、息を吐きながら自然に「ありがとう」が出るようにする。その状態になったら、終了である。

思考のループ、瞑想、鏡のワークとあわせて行ってもいい。「溝」が深くなるだろう。

繰り返すこと

思い返してみよう。あなたは自分を許した。誓いを立てた。何としてもやり抜く覚悟で取り組んだ。あなたは生き生きと暮らし、呼吸し、毎日トレーニングに励んでいる。ただ、お気づきのとおり、どんな日も完璧にできるわけではない。**大切なのは、意志と、時間を経てもたゆまず取り組み続けることである。**

失敗が続くと、気持ちがへこむかもしれない。まあ、うまくいかないことは、放っておこう。自分を責めても、それは思いやりの欠片《かけら》もない行動でしかない。

あなたの内側のこととして、あなたの気持ちがシフトした。あなたの外側のこととして、あなたの人生が変化した。あなたは生き生きと取り組んでいる。さあ、1カ月が経つ。ここであなたに尋ねたい。

もし、あなたがあなた自身を深く心から愛しているなら、

あなたはどのように行動しますか。

私のアドバイスをお伝えしよう。ここでやめないこと。どうか、トレーニングを続けてほしい。

過去の「溝」は強力だ。ふたたび、あなたの意識のメインストリームになってしまうのを許さないようにしよう。あらためて、誓いを立てる。自分のすべてを愛しているという「溝」を深くする。これを実践すればするほど、自分を愛することはいっそう、あなたという存在、あなたという人間の一部になる。

プロセスにもう一度、最初から取り組もう――自分を許し、誓いを立て、トレーニングをするのである。

なんだか仕事みたいだと思うなら、それは違う。1カ月続けたら、ミラクルが起きる。それを自分の新たな「当たり前」として受け容れ、そこから次の高みを目指す。さらに1カ月間、自分のすべてを愛する。「当たり前」のレベルが上がる。また1カ月、自分のすべてを愛する……。

1年経ったらどうなるか、想像してみよう。段違いの人生に、目を疑うことになる。それは約束しよう。

もし何かを不安に思っているなら

自分を愛することにはさまざまな学びがあるが、わけても人生が大きく変わる学びはこれだ。

もし何かを不安に思っているなら、それを突き抜けた先でミラクルが起きる。

この学びは、どれほど強調してもし足りない。生きるためのルールがあるとすれば、これこそがそれだろう。

不安と、その不安を抱くもっともな理由を詰め込んで本をつくることは、誰にでもできる。けれども何の足しにもならない。私たちの役に立つのは、不安のなかに足を踏み入れ、突き抜けることだけだ。

自分を愛することによって、私は気づきを得た――不安の正体を知ったのだ。不安は幻の蛇であり、役立たずで現実には存在しない、と。そこから、私は自分を愛し、不安に足を踏み入れ、突き抜けた。突き抜けるたび、ミラクルを経験した。

望んだ結果を人生が与えてくれなかったとしても、不安を突き抜けることによって、私は同じくらい満足できる、いやもっとよい結果へ導いてもらえた。実のところ、よりよい結果であることがほとんどだった。

何度となく不安を突き抜けるうちに、不安は追い払えばいいものではないことを教えられた。不安は、いわゆるサインである。恐ろしい猛火《もうか》や1000フィートの高さからの落下を避ける場合、不安というサインは申し分ない。だがそれ以外では、**不安はミラクルのある場所を示すサインになる。**

そして人生は私に、不安を突き抜けることを求めた。理由はわからないが、事実だ。

あなたも試してみてほしい。あなたの幻の蛇のなかに足を踏み入れ、突き抜けよう。自分を愛することは、実生活において役に立つ。毎日、不安をひとつ選んで、突き抜けよう。同じ不安に何千回も取り組まなければならないこともあるだろう。何千回になろうと、問題ない。あなたは確実に「溝」を深くしている。不安を突き抜ける人へ向かっている。

何度でも突き抜けよう。これが自分の自然なリズムだと思えるようになるまで。いつもの習慣になるまで。そして、突き抜けた先では存分にミラクルを楽しもう。それはあなたの努力のたまものである。

ミラクルを期待する

トレーニングを始めると、まず私の内面が向上した。その後、外側の変化として、人生が上向いた。私は、簡単には説明できないシンクロニシティを経験し始めた。有《あ》り体《てい》に言えば、こういうことだ——人生がうまく進み始めた。

自分を愛すれば愛するほど、人生でますます多くのいいことが、思いがけず起きるようになった。これを言い表す言葉は「ミラクル」しかなかった。ほかに言いようがなかった。

いいことが起きれば起きるほど、私はミラクルを期待するようになった。朝になれば当然また陽が昇ると思うのと同様に。それが私の新しい「当たり前」になった。

ただ、この点に注意してほしい……。

人生がミラクルを見せてくれるのを待つ必要はない。というより、自分を愛することに命がけで取り組み、そのうえでミラクルを期待しよう。求めれば、ミラクルが起きる。ただし、そんなものは単なる偶然だと考えたり、もっと悪い場合は気にもとめなかったりするのではなく、ミラクルが起き始めたら意識することが肝要だ。

人生からの贈り物に注意を払うと、人生はいっそう報いてくれる。言い古された言葉だが、実のところそれは真実だ。意識を向けることは、闇を照らすスポットライトのようなもの。私たちは、自分が注目するものごとを、実際に経験することになる。端的に言えば、期待するものを受け取ることになる。

ここから次の段階へ上がりたい？　それなら、ミラクルを経験するときに感謝しよう。もっとすごいミラクルを経験したい？　ならば、**ミラクルが起きることを期待しつつ、まだ経験しないうちから感謝しよう。すると、人生が次から次へとミラクルを起こしてくれるのを目の当たりにすることになる。**こんな話をするのは、魅力的に聞こえるからではない。本当にそうなるのだ。ぜひ、試してみよう。

全く難しい話ではない。今まで生きてきたなら、そんなふうにミラクルが起きるのをきっと見たことがあるはずだ。そこで尋ねたい。もし、あなたがあなた自身を深く心から愛しているなら、あなたはどのように行動しますか。

私だったら、ミラクルが起きることを期待し、それに感謝する。同じことをあなたにもしてもらえたら、うれしく思う。

あなたが輝くために

私は自分自身を救おうとし、結果として、自分を愛するためのトレーニングを考えついた。幸運にも、トレーニングは素晴らしい効果を発揮した。思いがけなかったのは、私を生まれ変わらせてくれたこと。目を見はるほどに、私の人生を変えてくれたのだ。

心しておこう。人生は、思うより短い。私たちは、ほんの一瞬キラリと輝き、そして消えてしまう。この世に在るあいだにすべきことはただひとつ、鮮やかに輝くこと。はっきり言う。あなたはこの世に存在している。だから輝かなければならないのだ。

自分のために、するべきことをしよう。今この瞬間の純粋な経験のために。愛する人のために。信じるもののために。いや、行動あるのみ。自分自身を愛すれば、あなたはおのずと輝ける。

そのために、この第2部で紹介した、自分を深く心から愛する方法を実践しよう。つまずいて倒れたときは、どうすればいいだろう？　あなたは人間だ。立ち上がり、体についた埃《ほこり》を払って、さらに自分を愛していこう。人生は、それに応えて、あなたを愛してくれるのだ。

第3部

学び

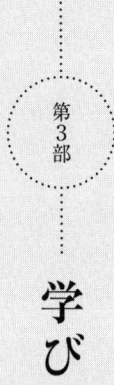

再開

自分を愛するようになって6年後、私は道を外れてしまった。悪いのはすべて、自分だった。

その2年前から、私は怠けて漫然と過ごし、問題に意識を向け、人生に対して事後に対応するようになってしまっていた——まず自分の心のなかを変え、先を見越した行動をするのではなく。ついに、トレーニングは、思い出したらやるものになってしまった。最後に誓いを立てたのがいつだったかも、全力で取り組んだのがいつだったかも、思い出せなかった。

「私はわたしを愛している」という「溝」は、少しのあいだ自分の頭のなかのメインストリームになるくらいには強力になっていた。だが、過去の「溝」は深い。しばらく怠けていると、水はふたたび古い溝を流れ始めてしまう。

成果が心に表れ始めていたのに。さらには、人生も変わり始めていたのに。それなのに、私は漫然と過ごすようになってしまった。怠けるという行為には、独自の勢いがある。漫然と過ごす期間が長くなればなるほど、私は自分にいちばん必要なことをますます後回しにするようになった。エゴは、そんなふうに、扱いが難しい。

おまけに、心から愛していた女性と突然、破局した。私はとことん落ち込んだ。

ただ、落ち込むことに関しては、いいニュースがある。エゴがはやばやと萎えるので、ラクにそれを捨てられるのだ。だから捨てた。怠けてこんな結果を招いてしまったとか、もっと分別をもって行動すべきだったとか、本書のテーマを自分自身が実践できていないなんてとか、そういう忸怩《じくじ》たる思いを。私は自分を救う必要があった。だから全部、捨てた。

私はトレーニングを再開した。レンガをひとつずつ積み上げるように、道を、溝を、地道につくる。自分を愛することを、もう一度、最初から。だが、次のステップとしてどうすべきかわかっていても、私はしばしばそれに抵抗した。有り体に言えば、こんな情けない結果になっていることについて、自分を責めていた。

けれども抵抗し、それも、これでもかというほど抵抗して、自分で自分の足を引っぱったにもかかわらず、成果は相変わらず素晴らしかった。1カ月足らずで、私は変わった。自分を愛していると、驚くようなことが起きる。つまりそういうことだ。

この第3部「学び」には、とても個人的なストーリーを書いている。第1部、第2部同様、すべて本当のことだ。私の最もダメなところであり、多くの読者が自分も同じだと話してくれたのは、状況がよくなると、怠けて漫然と過ごすようになってしまうこと。あなたがそうならないよう、私の経験をお話ししよう。

あなたは読むことになる――私が倒れ、一歩一歩這うようにして進み、その後、かつて人生を救ってくれたまさに同じ原則を使って立ち上がる様子を。さらには、その体験をつぶさに知ることにもなる。これらのことはきっとあなたの役に立つと、私は思っている。

ときに私たちは、誰かの成功よりむしろ失敗から多くを学ぶことがある。本書では、もしかしたらこの第3部が、いちばんあなたの役に立つかもしれない。

帰りは、夜間飛行便を選ぶ。もっとラクな便に乗ることもできたが、早く彼女のもとへ戻りたかった。1週間半ぶり。街へ向かう車中から見る金融街のガラス張りのビルが、朝日にきらめく。笑みが浮かぶ。

私はマンションのドアをあける。彼女が近づき私をハグする。だがその仕方が違う。いつもなら、駆け寄って力いっぱい抱きしめてくれるのに。このときは、体を私に寄せ、そっと抱く。

「どうかした?」私は尋ねる。

彼女は泣いて、一睡もしていなかった。私と別れるつもりでいる。自由を求めている。将来の約束をまだしたくないと思っている。私のことを強烈に欲してはいない。私が彼女を思うようには、私を思ってくれていない。彼女は言う。〈あなたのせいじゃない、私が悪いの〉。

目の前が、ぐるりと回転する。まるで、私が部屋に入ってラグを踏むと同時に、彼女が身をかがめ、床からラグをさっととめくったかのように。私の体が宙を舞い、ゆっくりと、仰向けに倒れていく。私の力でどうにかなるものではない。それを、感じる。床が近づいてくる。床に叩《たた》きつけられたら、きっと体が粉々《こなごな》になる。

数日後、私たちは愛を交わす。だが、音楽がすでに止んでいるとわかっている以上、これほどかみ合わないダンスはない。私が体を寄せると、彼女がやめてと言う。そんな反応を、彼女はかつてしたことがない。

その夜は、横になったものの眠れない。頭のなかがぐちゃぐちゃだ。ただ、こう思う。もしあらゆることが重要なら、このことだって重要だ。彼女と私。私たちのことだって。けれど、何ひとつ重要なものなどないなら、これも重要ではない、と。

ひょっとして、この状況での分別ある行動とは、これかもしれない。人生というこの芝居に、もし大切なことが何もないなら、いちばんいいのは、静かに舞台を去ることだ、と。

2

翌日の夜、私は、留守にしている友人宅に侵入することについて空想を巡らせる。ガラスケースから拳銃《けんじゅう》を摑《つか》み、無造作に持つ。弾丸を込め、安全装置を外す。銃身を顎《あご》の下に持っていき、引き金を引く。さらば。

その瞬間、私は目を閉じるだろうか、それともあけたままだろうか。疑問に思って、眠れない。考えるうちに、眠りに落ちる。朝になって目を覚まし、以前の自分がどうだったかを思い出す。そうだ、ミラクルだ。自分のなかの何かが言う。〈結果の出ることをまた始めよ〉。

だが私はその声を追い払う。

3

晩に、友人たちと食事をする。そういう気分ではなかったので断りかけたが、結局出かける。

とても久しぶりに会う、気心の知れた友人たち。私は6時発の上り電車に乗る。たまま流れている、やる気を刺激するビデオを眺める。私の思考とは正反対の思考によって、私の心を窒息《ちっそく》させてくれたら、それに越したことはない。

あるビデオで、ナレーターが言う。

「採るべき道はただひとつです。あなたは最高の自分にならなければなりません」

南部なまりの、説教師を思わせる口調。

「それを紙に書き、守るべき掟《おきて》として、1日に何度も、高らかに読み上げるのです」

掟。なんと古めかしい。皆の者、よく聞け……。この掟により、私は最高の自分になることを宣言する。


その考えに、私の背筋が伸びる。

4

「いいニュースがある」

ラグをめくられる空想から3日後、私は彼女に言った。

「僕はいずれ死ぬ。きみも死ぬ。いつかは太陽も燃え尽きるし、月も輝かなくなる。地球も、生物のいない、ただの岩になる」


意図的に、沈黙する。

「いい知らせというのは……僕らのこの状況も、いつか何でもなくなるってこと」

事の次第に気づくのは、あとになって、のほほんとしているときだ。少し気が大きくなる。案外、大丈夫なんじゃないか……。そのとき、私の脳裏に友人の拳銃がひらめき、はたと気づく。こんなふうに気が大きくなるのは、最悪の状況である証だ、と。

ここが、心の痛みについての難しいところだ——だが現実である。その痛みに我を忘れる。かろうじて踏みとどまるものの、気づけば、記憶とイメージと支離滅裂《しりめつれつ》な考えだけが心のなかを駆け巡る。まるで、ホームに立っていて、列車が猛スピードで通過するときのように。瞬間的に突風が襲ってくるが、それが過ぎれば、風は切り裂くように、心に深い傷を負わせる。

「現在《いま》を生きなきゃダメだ」

夕食の席で、友人たちが言った。

「未来のことを考えて生きているから、苦しいんだ」

私は友人らに、彼女がその日言ったことを話した。私と別れたらデートしたいと思う男たちについての話を。それから話題を、今後のプランへ移した。メキシコかどこかへ行き、しばらく誰とも会わずに過ごすかもしれない、と。友人たちというのは、長く連れ添っている夫婦のシェリルとマイケルだ。ふたりが微笑みを浮かべた。

「辛抱《しんぼう》強く、一日一日を着実にやっていきましょう」

と彼女が言う。シェリル・リチャードソン。私がこれまでに出会ったなかで、飛び抜けて聡明な女性だ。

「未来のことばかり考えてしまうときは、片方の手を胸に当てて、心のなかでこう言うの。『私はここに帰る。私はここに帰る』」

やってみたことはないが、せずにいられない。私にとって、しなければならないことだ。

5

早速、やってみる。ラグをめくられる空想から1週間。私は胸に手を当て、鼓動を感じ、「私はここに帰る」と繰り返す。ほどなく、言葉を替える。「私はわたしに帰る。私はわたしに帰る」

その後、シャワー室で、水を浴びながら目を閉じる。列車がうなりをあげて、走り去る。体の底から、怒りがこみ上げる。胸に手を当てる。

ドク、ドク、……ドク、ドク

私は、心のなかで繰り返す。

「私はわたしに帰る、私はわたしに帰る」

その刹那《せつな》、列車が消える。

6

ラグをめくられる空想から8日後。彼女はまだ出ていかない。クリスマス休暇《きゅうか》の時季なので、急には住まいが見つからない。

私はシャワーを浴びて服を着る。その後、彼女にヘアムースの缶を渡して尋ねる。

「頼める？」

それは私たちがおよそ毎日繰り返していたこと。彼女がムースを手に取り、私の髪になじませ、スタイリングする。私は目を閉じ、微笑み、深く愛されているのを感じる。

彼女がムース缶を手に取り、私の髪を整えてくれているあいだ、私は彼女の目を見つめる。〈ちゃんと向き合おう〉、と私は思う。〈逃げたりしない〉。私は彼女をじっと見つめる。彼女はスタイリングを終え、私に軽くキスをする。

明日は散髪に行くので、この日課をする必要がない。明後日は、私は家族に会うためにサンフランシスコへ行く。私はハッと気づく。私たちがこの日課をするのは、今日が最後だったのかもしれない、と。

7

友人のジェームズが電話をかけてきて、夜も呼び出し音が鳴るようにしておくよと言ってくれる。

「ふだんは決してしない」と彼は言う。「でも、きみのためなら別だ」

知り合ってから、私は彼がいくつもの失恋を経験するのを見てきた。ただ、傾向として言えることがある。彼は挫折しても、その後、上昇気流に乗るのだ。これには本当に感心する。恋人と別れるたび、彼は日々のトレーニングに熱心に取り組む。やがて、人生が以前にもましてよくなる。

彼は日課として、身体、心、感情、精神のそれぞれについてトレーニングを行っている。私も同じことをしてみよう。それらのトレーニングが彼に対して目を見はるような成果をもたらすのを、目の当たりにしてきたのだから。

身体については、一日おきにジムで鍛え、自然で健康的な食品を摂る。アルコールは飲まない。機能を低下させるから。

心については、毎日ものを書く。この苦しみとエネルギーをテーマとし、そこから何かを生み出す。さらに仕事では、最も後回しにしてきたことに取り組み、やり遂げる。これによって、私はきっと前進できる。

感情については、一日に少なくともひとりと、充実した時間を過ごすことにする。これは、考えることを、いやでもやめさせてくれる。

精神については、目眩《めまい》がして体が倒れていくような感覚を覚えたときはいつも、胸に手を当て、「わたしに帰る」を繰り返すことにする。

夜、ベッドに入って、彼女に言う。

「きみはついてる」

「どうして?」

湿っぽくて惨めったらしいし、少しも言いたいわけではないが、答えて言う。

「こういう夜が、もうあと一日でおしまいになるから」

「そんなこと言わないで」。彼女が訴える。

「じゃあ、こんなことするなよ」と私は言う。

彼女が黙り込む。私は、闇のなかで横になり、目眩がするような感覚を覚える。胸に手を当て、心のなかでそっと繰り返す。

「私はわたしに帰る。私はわたしに帰る。私はわたしに帰る……」

8

私がサンフランシスコへ向かう前日。彼女は住まいを見つけており、私がサンフランシスコに行っているあいだに出ていくつもりでいる。私は目覚めて願う。今日という日が存在しなければいいのに。消し去ってしまえたらいいのに、と。

彼女が出かけているあいだに、私はシェリルに電話をかける。

「もう一度、真理を教えてほしい」と私は言う。

シェリルは1年間、オプラ・ウィンフリーとともに各地を巡ったことがある。聡明という言葉では到底、彼女について言い尽くすことはできない。彼女には、現実に存在し、かつ比類なく素晴らしいことを見抜く力がある。その力を今、私は死ぬほど求めている。

「心が傷つくと、過去に見捨てられたときのことが記憶によみがえる」と彼女が言う。

「それはまだ幼い子どもだったときのこと。誰もが経験するけど、とても恐ろしいことだわ。その年齢の子どもにとっては両親がすべてだから、見捨てられるという感覚は、死ぬのも同然なの」

それを聞いて、私は戸惑《とまど》う。傷つき苦しんでいるのは、長いこと忘れていた子ども時代の自分ではなく、今の自分だという気がする。けれども彼女の話は、まだその断片でしかないとしても、合点がいく。

「子ども時代のあなたは、知る必要がある。あなたを信頼できることを。あなたが子どものあなたを理解していることを。それが、あなたがしなければならないこと。子どものあなたが傷つくたび、あなたが未来について大げさに考えるたび、あなたの心を思い出しなさい。胸に手を当てて、こう言うの。『きみのこと、ちゃんと理解しているよ』。それだけを、子どものあなたは必要としている」

電話を切り、早速実行する。〈きみのこと、ちゃんと理解しているよ。僕を信頼していいよ。きみのこと、ちゃんと理解しているよ。ちゃんと理解しているよ〉。

私はジムへ行く。熱心にトレーニングしている人を見かけて、声をかける。

「みごとな筋肉ですね」

会ったのは初めてではないが、話をしたことはない。彼がこちらへ来る。ニコッと笑い、携帯電話を取り出して、ジムのウェブサイトにアクセスする。

「これ」と彼が言う。「私です」

その月の注目メンバーに、彼が選ばれている。左側の写真には、でっぷりとした男が写っている。右側の写真には、筋骨隆々の、現在の彼。

「いや実にみごとだ」

もう一度、私は言う。

「変容には努力が必要です」と彼が答える。

私はぽかんとして彼を見つめる。

「すみません、何とおっしゃいましたか」

「変容、ですよ。変容には努力が必要です」

「今週の名言です」と私は彼に言う。「ええ、間違いなく」

前にシェリルと話したときに、こう言われた。

「あなたは、たぐいまれな誠実な心の持ち主ね」

言葉の意味は理解できた。一体、何があれば、私はその言葉を信じられるのか。神に、知恵を分けて、投げ与えてもらう必要があるのだろうか。それとも、この世を去るまさにそのときになって悟るのだろうか。

生まれ変わるためには、まず死ななければならない。そう、死と言って差し支えないと思う。私は、自分の尊敬する人々が私という人間について褒《ほ》めてくれることを軽んじてしまっている。

「あなたの心を守りなさい」とシェリルは言った。「心が必要としているものを、心に与えなさい」

そうしよう。心が必要とするものが何であれ。それを与えよう。

9

底なしの悲しみが厄介《やっかい》なのは、永遠に消えない気がするところだ。感情と過去の記憶と未来の予測によって奈落の底へ突き落とされ、気持ちが滅入っているところへ次の波が襲ってくる。それが延々と続いていくのである。

用事で出かけていた彼女が帰ってきて、私にハグをする。

「愛しい人《マイ・ラブ》」と私は言う。互いのことを、私たちはずっとそう呼んできた。

彼女は後ろへ下がって、微笑む——黙ったまま。わかった、もういい。この絆創膏《ばんそうこう》を剝がすのはつらいが、剝がさなければならない。

私の心についてシェリルが言ったことを、私は彼女に話す。そしてこう言う。

「僕はこの心を救う必要がある。救えるのかどうかも方法もわからないけど、救わなければならない」

彼女がうなずく。私を愛してくれているのがわかる。けれども、彼女の心はもう決まっている。

「出かけてくる」と私は言う。5時に散髪の予約をしている。「6時までには戻る。それまでに、ここを出ていってほしい。僕が戻ったときに、きみにここにいてほしくないんだ。帰宅したら、この深い悲しみを感じ、書いて1カ所に集め、立ち向かわないといけないから」

彼女の顔色が変わる。

「明日、僕は発つ。そうしたら戻ってきていい。そのあと荷物をまとめて出ていくときには、何も残さないでくれ。メモも、プレゼントも、思い出の品も。何ひとつ」

彼女にとっては予想外の言葉だったのが、見て取れる。

「この経験からきみはいろいろ学ぶだろうけど」と私は言う。「学びたくなかったことも、いくつか学ぶことになるだろう。それはきみの責任だ。そして、僕の心を救うこと、これは僕の責任だ」

私は彼女のそばに立ち、じっと見つめる。

「この男は一生、きみのそばにいようと思っていた。愛とは何か、きみは全然わかってない」

不意に私は自分を抑えられなくなる。

「この男の心こそ自分の求める心だと思うなら、手を伸ばしてくれ」

ふたりとも、微動だにしない。

「最後に」と私は言う。「これだけはよく頼んでおきたい。ヘルメットは、かぶってほしいな」

彼女は自転車で街を走るのがとても好きで、私は口を酸《す》っぱくしてヘルメットをかぶるよう言ってきた。今なお、私は彼女を愛している。私にとっては何も変わっていない。ただひとつ、自分自身を救おうとしていることを除いては。

私は上着をさっとつかみ、振り返ることなく部屋を出る。エレベーターを待たず、階段を使う。気がつけば、地下まで降りている。その後、また階段で3階まで上り、エレベーターで降りる。そうしないと気が済まない。少し馬鹿らしさを覚えるが、気にしない。

日暮れ時を、私は歩き出す。いつになく、背筋をまっすぐに伸ばして。

10

「あなたって本当に素晴らしい人ね」

以前、シェリルが私にそう言ってくれたことがある。尊敬してやまない人が私のことをそんなふうに思ってくれていることに、私は舞い上がった。その言葉を、私は心底信じるべきだった。

私は心に決める。専用のファイルをつくり、心からの褒め言葉をもらったら残らず記入し、その言葉を真実として自分に繰り返し言い聞かせよう、と。その言葉は私に贈られたプレゼントだ。せっかく褒めてくれているのに、それを否定するとは、私は一体どういう了見なのか。

そんなわけで、私は褒め言葉をリストに書き出す。

1　私は本当に素晴らしい人間だ。

2　私はたぐいまれな誠実な心の持ち主だ。

11

散髪を終え、6時16分に戻る。エレベーターのなかで、彼女がまだ部屋にいてくれたらと自分が願っていることに気づく。理由はわからない。もう少しマシな別れ方をするためかもしれないが、定かではない。だが歩くうちに、望みは消え失せる。そんなことはあり得ない、と。

私はドアをあけるが、部屋のなかは暗い。彼女がろうそくを1本、窓際に灯《とも》して残している。状況が違えば、その雰囲気にテンションが上がるところだ。私は猛然《もうぜん》と部屋に入り、ろうそくを吹き消し、天井に向かって叫ぶ。体のどこもかしこもが、感情を爆発させたがっている。

それから私はソファーに横になる。ぼんやり壁を眺めるうちに、眠りに落ちる。目が覚めて、携帯電話の壁紙を替える。壁紙はずっと、カメラを見つめ、小首をかしげて微笑む彼女の写真だった。

それを、替える。朝日を浴びる、ひらきかけのハスの花の写真に。

その後、見るともなしにツイッターを見ていて、ある写真で、スクロールする手が止まる。「ザ・ロック」ことドウェイン・ジョンソンが投稿した写真だ。早朝の度肝《どぎも》を抜くトレーニングの様子を写した1枚。汗をかき、顔をゆがめながら、バーベル・スクワットに全力で取り組んでいる。

彼は20代前半に、CFL（カナダのプロ・フットボール・リーグ）を解雇された。NFLでプレーする夢も潰《つい》えた。父親の軽トラックにゆられて家に帰る長い道中、財布を見ると、全財産として7ドルが入っていた。

２週間のあいだ、彼は惨めな気持ちを抱え、両親の住まいでだらだらと過ごした。その後、一念発起した。今こそ自分を変えよう、と。

彼はプロレスの世界に飛び込み、一からトレーニングを積み、持てるエネルギーのすべてを注いだ。結果として、それまでのプロレス界で最大級の成功を収めた。その後、名声をほしいままにしているさなか、俳優に転向した。

自己改革するときには、いつも同じ戦略を使った。まず誓う。次いで、何が何でもやり抜く覚悟で臨むという戦略である。デビューして間もない頃の映画が不評で、俳優として注目度はさっぱりだったが、それでも彼は夢を追い続けた。

今では大人気の映画スターだ。出演する映画も次々と世界中で記録を塗り替えている。彼の制作会社はその名をセブン・バックス・プロダクションズという。

私は彼のフィードをスクロールする。ファンと一緒に写っている写真、セットに立っている写真、トレーニング中の写真。どの写真のなかでも、彼はニコニコしている。妻と娘をずっと大切にしてきた。仕事への意欲は桁外《けたはず》れだ。困難な時期もあったが、彼はいつも立ち上がってきた。

私は、名言にも出合う。

「やり遂げると約束したら――必ずやり遂げる」

言うまでもなく、これは誰にでも当てはまることではなく、彼は自分に対して約束をしている。日々の生活のなかで、彼は桁違いのレベルで「最高の自分」を実現しているのである。

私が学んだこと。早く成長するためには、尊敬する人を探し、次いで、その人の素晴らしいと思うところを何でも手本にして真似すること。

私は「最高の自分」になることを真似よう。それが、このフィードを見て得た学びだ。

「最高の自分になろう」と、私は自分に言い聞かせる。暗い部屋に、声がうつろに響く。

その瞬間においては、はるか彼方の目標に思える。けれども、少なくとも目指すべきものを、私は手に入れる。

12

空港で、手荷物を預けようとして、私は動けなくなる。行きたくない、と私のなかの何かが訴える。行きたくない。行きたくない。幼い子どものように、おびえた様子で、何度も訴えてくる。周囲を見れば、乗客と乗務員が足早に搭乗口へ向かっていく。自分の人生を生き、自分のリズムで動いている。何も、変わったところはない。

それに引き替え、私は何をしようというのか。急いで家に戻り、出ていかないでくれと彼女に懇願《こんがん》するのか。そんなことをしていい結果が得られたためしが、人類史上あるのか。さらに言えば、私が彼女に一緒にいてほしいと思うのは、気が咎《とが》めているからでも懇願するためでもなく、彼女の心が私の心を求めているからだ。けれど、もし彼女が自由であることを望み、そして私が彼女を愛しているなら、彼女の望みを叶えよう。

欲望というつまらないもののために無理やり事を推し進めようとすると、生きにくくなる。それがわかるくらいの分別は持ち合わせている。私は、つまらない欲望から遠ざからなければならない。ほかに選択肢がないからであれ、自分を救わなければならないからであれ。

私は手荷物を預け、ゲートへ行って椅子に腰掛け、搭乗を待つ。

そのとき、私は人でごった返す空港にひとりでいて、以前の自分がどうだったかを思い出す。実際に経験したミラクルを。人生とはどういうものかを、確かに理解したことを。それなのに、私は今、惨めな気持ちでいて、本書に書いているような生き方をできずにいる。あまりに深く気分が沈み込んでしまい、自分がいやになる。

13

危うく飛行機に乗り遅れるところだった。居眠りしている間《ま》にゲートが変更になったのだと、アナウンスを聞いて知る。なぜ誰も搭乗しないんだろうと不思議に思う頃には、離陸の時間が迫っている。

フライト案内モニターを見て、新しいゲートへ急ぐ。ただし、私は走らない。乗り遅れたところで、どうということはない。そんな気持ちが、どこかにある。もし乗り遅れたら、宇宙のせいにしてしまおう。

だが、そんなことにはならない。私は間に合い、搭乗し、離陸しないうちに眠り込む。目覚めたときには、機体は雲をかするように飛び、見下ろせばはるか彼方の陸地が雪で覆《おお》われている。私はふたたび眠り込み、しばらくして赤ん坊の大きな声に目を覚ます。笑ったり泣いたり叫んだり。もう寝るのは無理だ。

私は彼女のことを考える。しようと思えば、私はこの状況から逃げて、別の女性と付き合うこともできる。いや、10人の女性とでも。だがうまくいくことはまずない。まさにそれが、彼女と私に起きたことだった。彼女はひとつの親密な関係にピリオドを打ち、次いで私のところへやってきた。

ジェームズに会ったとき、こう言われた。

「統計的に言って、形勢はきみに不利だね」

私は馬鹿じゃない。そんなことはわかってる。だが、人間の心が統計学によって左右されたことが、かつてあるだろうか。

私は彼女に夢中になり、彼女も私を好きになった。私たちは2年のあいだ親しく付き合い、1年近くをともに暮らした。

「あなたは最高の恋人だわ」と彼女は言った。「あなたを裏切ったりしない。私の愛はあなただけのもの」

このすべてを、出張に行く直前に言われた。その出張から帰ったときに、私は例のラグをめくられる空想をした。その後、彼女は正直に認めた。もしかしたら、私のことは安心できる相手にすぎなかったのかもしれない、と。

広い空を見つめながら、私は、ぎゅっと身を締めつけられるように感じていたものがこんなにも急速にほどけたことに、あらためて驚きを感じる。さっきの赤ん坊の笑い声が、やむことなく続く。

私は化粧室に逃げ込む。手を洗いながら、鏡に映る自分を、自分の目を、じっと見つめる。いつしか、小声で繰り返している。「私はわたしを愛している、私はわたしを愛して

いる、私はわたしを愛している」

何度も何度もその言葉を繰り返し、やがてその言葉で心が埋め尽くされる。

14

席に戻る頃には、私のなかの何かが穏やかになっている。

私は友人の拳銃のことを思い出す。方法はいろいろある——静かにこの世を去る方法、私の人生を一瞬で解きほぐす方法は。機長が降下をアナウンスする。その瞬間、私は、折にふれて鏡のワークをしようと心に決める。

間もなく着陸だ。化粧室に行くには、もう遅い。そのため、私は胸に手を当て、北カリフォルニアの褐色《かつしょく》になった冬の山々を見下ろしながら、心のなかで繰り返す。〈私はわたしを愛している、私はわたしを愛している、私はわたしを愛している……〉。

15

飛行機を降り、ウーバーに乗る。車でサンフランシスコの街を移動するあいだ、奇妙な気分になる。かつてここは故郷であり、思い出の地だった。けれど今日、私はこの街を訪れている。

私は電話をかけ、彼女が出る。私は自分の気持ちを伝える。彼女を死ぬほど愛していること。彼女を求めていること。この街から何か素晴らしいものを、一緒につくりたいと思っていること。彼女は泣きながら言う。自分にとっては難しいし、あなたにとってはもっと難しいんじゃないかと思う、と。

それに対し、私は応えない。私の苦しみは彼女の苦しみを大きくするだけだろう。私はただ、彼女が私にとってどんな存在かということと、死ぬほど愛していることを繰り返す。切々と訴えるのではなく、心からの思いを伝える。

「ごめんなさい」と彼女は言う。「でも、こうしないとダメなの」

その点に異論はない。一緒にいてもらうために、言い争うつもりもない。私は彼女に、愛する心とともに私のもとへ来てほしいと思っている。そしてそのことを、彼女は知っている。

「体に気を付けて」と彼女が言う。

電話を切り、私はぼんやりと湾のほうを眺める。少しして、滞在するアパートの前で、ウーバーを降りる。住人は先日出ていったばかりで、アパートのなかはがらんとしている。残された観葉植物が枯《か》れている。今の私の気持ちを表すかのように。

彼女が別れたいと思う理由を探ろうとすると、つらい。彼女が今後どこへ行くのかを考えるのも、つらい。過去に一緒に行った場所を思い出しても、つらい。彼女が私のそばにいなくなることを思うと、そして、それがどのようなものかを想像すると、いっそうつらい。

未来にあるのは苦しみ。過去にあるのも苦しみ。そのため私は現在に目を向け直し、自分自身を愛さなければならない。折にふれて。

私は窓辺に立ち、評判の悪い鮮やかな朱色の橋を見つめる。胸に手を当て、自分を愛する努力を、自分の知っているやり方で、一心不乱にする。心のなかで、自分を愛する言葉を、何度も繰り返す。

16

私はシャワーを浴び、弟の誕生日パーティーに出かける。サンフランシスコに来たのは、このためだ。出張が続いて疲れていたので、パスしようと思っていた。ところが、彼女が私と別れ、出ていくことになり、それで私はここへ来ることにした。ほかの男と付き合う彼女を見て、気がどうかなりそうにならずに済むから。

知り合いという知り合いが集まっている。母は誇らしげに微笑む。私と弟、つまり息子の隣に立つときはいつも。

「この家をごらんよ、母さん」

母に腕をまわして、私は言う。私が知るなかで、とびきり洒落《しゃれ》た家だ。そして私は今でも覚えている。子どもだった時分に、路頭に迷い、行くところがなかったときのことを。

「何もかも、母さんのおかげだ」と私は言う。

母が答える前に、私は母の頭にキスをして、その場をあとにする。もっと一緒にいたら、母は私の苦しみに気づいて、あれこれ聞いてくるだろう。母に余計な心配をかけたくない。母親というのは子どものつらい気持ちを本人より強く感じるものだと、ときに思うことがある。

その晩はそれからずっと、彼女はどこにいるのかと尋ねられるたび、ごまかしたり話をそらしたりする。一部の人には一応説明するが、深入りされないようにする。私はあくまで毅然《きぜん》としている。

ひとりだけ、その姿勢を貫けない相手がいる。アニエラ・グレゴリックだ。彼女と夫のイエジーは、ポーランドの共産主義を逃れ、40年以上のあいだともに暮らしている。ふたりとも、ウエイト・リフティングのオリンピック・トレーナーで、有名選手を指導している。どちらも詩を書く。圧政を逃れ、みずからの命を守るために戦った人ならではの、明快で率直な詩を。

「哀《かな》しい目をしているのね」と彼女が言う。

私は涙があふれそうになるが、ぐっとこらえる。ここは祝いの席であって、愚痴《ぐち》を聞いて慰《なぐさ》めてもらうピティ・パーティーではない。私は起きたことを話す。彼女は優しく微笑み、私の胸に手を当てる。

「ここが、あなたの素晴らしいところ」と彼女は言う。「いつもひらいておいて」

私は、みんなの前で号泣《ごうきゅう》しないよう、必死で自分を抑えている。

「それは難しいよ」と私は訴える。「それに、とてもつらい」

彼女が私を引き寄せ、長いあいだ抱きしめる。やがて一歩下がって見れば、彼女の目がうるんでいる。

「書くことは、続けてる？」彼女が尋ねる。

私はイエスと、縦に首を振る。

「よかった。本にして出しなさいね。きっとみんなのためになるから」

17

パーティーがもうじきおひらきになる頃、私はタブリーズとおしゃべりする。優しい人で、以前にも会ったことがある。彼は仲間のリーダーたちから学んでいること——私たちが人生をどのように見ているか——を教えてくれる。

第1段階：**人生における出来事が、自分に起こる**。一般に、私たちが生きている世界。何かの、あるいは誰かのせいにしていることが多い。

第2段階：**人生における出来事が、自分のために起こる**。この段階では、あらゆることを自分で起こそうとする。人生が与えようとしてくれている素晴らしいもの（学びなど）を探す。

第3段階：**人生における出来事が、自分を通して起こる**。人生の流れに乗っている段階であり、素晴らしいことを絶えず経験しているので、探す必要さえない。

藪《やぶ》から棒に、きれいに包んでリボンをかけた贈り物が手渡された感じだった。私が求めたはずはなかった――自分に何が必要かもわかっていなかったのだから。けれども、それは私のもとへ来た。地図だ。A地点からB地点、さらにC地点へ行くための地図。誰かの、あるいは何かのせいにする「犠牲者《ぎせいしゃ》」の生き方から、ミラクルが起きる生き方へシフトするための地図。あとはただ、私が心のあり方を変えさえすればいい。

18

翌朝、私は起きて景色を眺める。サンフランシスコ湾を、タンカーがのろのろと進んでいく。広がる青空に、鳥たちが舞う。橋がとても美しい。

枯れていると思ったあの観葉植物は、ひょっとして生きているのかもしれないと、ふと気づく。実のところ、乾《かわ》いて、葉を落としているにすぎない。自然は懸命に生きているのだ。そこで私はアパートにあるカップを手に取り、水をやる。ここにいるあいだ、この植物に愛情を注ごうと思う。

19

一日おきにトレーニングするという誓いを、私は守らなければならない。そこで、近くのジム数軒に電話をかけると、休日用パスポートがあると言って熱心に誘ってくるところがあるので、行ってみる。

スタッフのアレックスが、雑談をまじえながら、私に申し込みをさせようとする。〈パッケージ・メニューがいいですか〉。いや、興味ない。〈特別パーソナル・トレーニングは？〉。いや、それも結構。

「ウエイト・リフティングがしたいだけなんです」と私は希望を伝える。

彼が、レッスンの様子やスタジオをお見せしましょうと言う。

「見たいのは、ウエイト・トレーニングの設備。それだけです」と私は返事する。

これほど短い案内を、彼はしたことがないだろう。私はスクワット・ラックをチェックし、バーベルが十分に高く上がることを確認する。以上。そしてサインする。

私はトレーニングをするが、アニエラのおかげで、少しやり方を変える。昨晩、私は彼女にこう話した。いくつかの動きをひとセットとし、それをひたすら繰り返している、と。

するとと彼女は、ひとセット終えて次のセットを始める前にもう少し長く時間を取ってみて、とアドバイスをくれた。

「あまり休憩する必要がないってことは、あまり熱心にトレーニングしてないってことでしょ」

私は休憩時間を1分以内とするのに慣れっこになっていた。それ以上休むと、次のセットを始めるのが面倒になった。ジムに行くのは、だらだらと過ごすためではない。私はバーベルを持ち上げ、がむしゃらに努力したかった。

「辛抱強さが求められる」と彼女は言った。「より熱心にトレーニングし、より長く休憩する。そのために、次のセットを始める前に3分間休憩しましょう。体は、リセットされて初めて、また頑張ることができる。それがパワーになる」

後半の言葉に、私は注意を引かれた。

「やってみるよ」

言われたとおりにやる。結果に、目を見はる。持ち上げられる重さが重くなり、フォームもよくなり、終える頃には、体が今までと違う感じになる。しっかり鍛えられて、筋肉がぷるぷるする。

自分は頭を使うだけの存在ではないと知るのも、ときにはいいものだ。人間は、身体的存在でもあるのだ。これを知るには、体を鍛えること。すると、たとえわずかな時間だとしても、思考から解き放たれる。

私は外に出る。雨が降っており、色とりどりの傘《かさ》の花が咲いている。私は空を見上げ、雨粒を顔いっぱいに受ける。

20

ずっと、死について考えている。いろいろ驚かされる。死に関して重要なのは、それが究極の終わりである点だ。死神の鎌《かま》の鋭い刃が命を切り取り、気力の萎えた者をこの世からさっと連れ去る。死者と話すことはできない。償《つぐな》うこともできない。言わずにいた言葉を伝えることもできない。彼らは逝《い》ってしまい、それでおしまい。

少し前のこと、私は毎朝、死について瞑想してみた。日本の侍《さむらい》がこれを行い、怖いものなしになって戦いに臨めるようになったと、何かで読んだのだ。しばらく続けてみたが、やがて怠けて、やめてしまった。私は戦争に行くわけではない。私の日常は平和そのものだ。

だが夜、がらんとしたアパートに座っていて、その平和が錯覚《さっかく》であることに気づく。かつてない規模の、大成功を収めたイリュージョンだ、と。確実に存在するのは、ひとつだけ。それは死だ。死神が私の目の前に、目と鼻の先に、立っている。

人生の一瞬ごとに、私は死へ向かって進んでいる。死神が微笑み、一歩下がる。私が一歩進み、死神が一歩下がる。私が前進し、死神が後退し、私が前進し、死神が後退する。一歩、一歩、また一歩。やがて、私が一歩前へ進んでも、死神が動かなくなる。私は死神のものになる。

私は月を見る。今夜はとても大きく、サンフランシスコ湾を煌々と照らしている。もし今、心臓が止まって倒れ、私から命がもぎ取られ、あの世へのトンネルの彼方に光が針穴のように小さく見えたら、私はラグをめくられる空想のことを思い出して、本当にめくられていたらどんなに痛かっただろうなどと振り返るのだろうか、それとも、最後にもう一度、どうにかして月を見て、なんと美しいのだろうと感じ入るのだろうか。

21

街をぶらぶら歩くうちに、クライオセラピーをしている店に出くわす。やったことはないが、ずっとしたいと思っていたので、入ってみる。気づけば、私は下着姿で、冷たい窒素ガスを満たした筒状タンクのなかに立っている。

「いかがでしたか」

タンクから出てきた私に、店員が尋ねる。

「まあまあかな」

私は答える。時間的には、わずか3分。

「ただ、ちょっと胃が痛い」

「各器官へ送る血液を、体がためているからですよ。体は生き残ろうとしているんです」

ストレスを加えると、体が反応する。まず、生き残りモードになり、生命維持に欠かせない重要な器官に血液が流れる。だが、ストレスが消えると、それに応じて体も変化する。ほかに選択肢はない。そうなるようにできている。最たる例が、ジムでのウエイト・リフティングである。筋肉が、強くなるという変化を示すのだ。ひょっとして、それは心にも当てはまるのではないだろうか。

私の体は、生き残りモードになっている。だが、適応するにつれて強くなり、私の調子も上向く。私としては、あきらめずに頑張るのみだ。どんな考えが浮かんでも、彼女が出ていったあと自分がどこに立ち戻ることになっても、何が起きても。毎日、毎日。ただ黙々と、あの重いバーベルを持ち上げ続けるのだ。

22

霧の立ちこめるサンフランシスコの朝。クリスマスの前日で、街に出ている人はほとんどいない。私は心のなかで、「もし〜だったら」の文を繰り返している。もし自分がこうだったら、どうなっていただろう。ああだったら、どうなっていただろう。こうしていたら、あるいは、ああしていたら、どうなっていただろう。ラグをめくられる空想をした日に、自分がもっと強くあったら。もし〜だったら。もし〜だったら。

そんなことをしても、害にしかならない。霧雨《きりさめ》のなかをひとりきりでジョギングする人を見ながら、私は思う。そこには、欠片も真実はない。真実とは、これだ。すなわち、「今ここに在るもの」である。

「今ここに在るもの」は、すでに起きたことだ。それについて私にできることは、ただのひとつもない。それは過去。そして過去は死んでいる。終わっている。問うべきはひとつだけ。「今日はどんな自分になるか」。ただそれだけ。

23

雨が激しく降っている。私はリビングの窓から外を眺める。冬でも葉を落とさないサンフランシスコの木々。私の心のなかで、考えが雑然と散らかっている。私は地図を思い出す――私を〈通して〉、私〈に〉もたらされた地図。気持ちをシフトしなければ。

私は、習慣に戻る。10回の呼吸をしながら、自分を愛する習慣に。心が過去、未来、あるいは「もし～ならどうしよう」という考えに囚われるたびに、深くゆっくり10回、息をする。吸うときは、〈私はわたしを愛している〉と自分に言い聞かせる。可能なかぎり、自分にそれを感じさせる。その繰り返し。

ただし……

集中できず、考えが雑然と散らかり出したら、計数器《カウンター》をリセットし、最初からやり直す。10回の呼吸を連続でできるようになるのに100回息をしなければならないとしても、とにかくやろう。毎回、必ず。

〈最高の、この上なく大切な考えを追求しよう〉、と私は思う。丸一日、実践する。難しいが、とにかくやる。だが、夜になると、気持ちがしぼむ。

夜は、とてつもない苦しみに襲われる。僕たちは幸せだった。愛し合っていた。なぜこんなことになってしまったんだ。私は自分を愛することに気持ちをシフトしようとするが、無理に近い。胸が文字どおり痛く、たまらない。

そこで、苦しみの好きにさせる。私は苦しみに向かって言う。〈来るなら来い、立ち向かうから〉。苦しみが襲ってくる。私のなかで暴れまわり、私を疲れさせ、やがて消えるが、私の疲労感は続く。少しして、私は10回の呼吸をする。

24

確かに、ラグをめくられる空想をした。確かに、私は飛行機で戻り、床が近づき、床に叩きつけられたらきっと体が粉々になると思った。けれども私はまだ、叩きつけられてはいない。

下降し続ける必要なんかない。粉々になる必要もない。これは選択の問題だ。

肝に銘じておこう。自分のほうが、幻の蛇より強いのだ、と。

25

私は目を閉じ、炎が私を呑み込み、現実に存在しないあらゆるものを燃やし尽くすのを感じる。

26

ある僧侶に、どうやって平安を見出したのかと尋ねたことがある。

「イエス、と言うんです」と彼は答えた。「起きるすべてのことに対して、イエスと言うのです」

イエスという言葉ほど、私の心が言いたがらない言葉はない。私の心は、もし～だったらどうしようという考えに、するべきだったことに囚われている。もっと自分が強くあったらよかったとか、自分はなんと情けなかったことかとか、過去の出来事を再生してばかりいる。

私の心は、人生に向かい、大声で「ノー！」と叫んでいるのだ。

だが私は、イエスと言わなければならない。今ここに在るものに対して。すべてに対して。自分の人生をみずから御《ぎょ》したいなら、ほかに選択肢はない。さもなければ、「犠牲者」のままでいることになってしまうのだ。

27

クリスマスの日の午後、彼女が電話をかけてくる。

「メッセージを見たわ」と言う。

メッセージとは、私が今朝送った携帯メールのことだ。

「とても苦しい、愛しい人《マイ・ラブ》」と私は書いた。「本当に、とてもつらい」

「メッセージを見たわ」

彼女が繰り返す。

「申し訳ないと思ってる」

「そうじゃない」と私は言う。「ちょっと後ろ向きな気分になってて」

「体に気を付けてる？」

「自分らしくあろうとしている」と私は答える。「書き、体を動かし、空を見上げ、考えてる」

当たり障《さわ》りのない話をしたのちに、彼女が言う。

「あなたを愛することに時間を使いたいと思っている自分もいる。でも、こうするのが正しい気がする。自由がほしいのよ」

「だから、それを尊重したい」と私は答える。「きみを愛してる。ただ、きみのほしいものをあげるだけで精一杯だ」

この状況は彼女にとってもつらいのだと、だんだんわかってくる。彼女に関すること、なおかつ私たちのどちらのためにもならないことを言って何になる。私たちのこれまでの愛について、その価値を下げる気はない。私はただ、私らしくあろう。その一方で、彼女には私を愛することも、救うこともできないなら、私が救おう。私は私のすべてを愛するのだ。

28

さて、自分らしい人生についてだ。どうすれば手に入るのか。

まず、自分は冷たい風に舞う、つまらない1枚の葉などではないのだと考える。この世界には、変えようのない流れが、自分より何か大きなものが存在している。証明できるかどうかは問題ではない。そういうものだと考えよう。

次いで、うまくいっていること、自分が持っているもの、自分の考えに囚われていなければ感謝するだろうものを探す。価値の大きさは問題ではない。探すことによって、目を向ける先が、失ったものから、手にしているものやこれから手にするものへ移る。

私は次のようにする。まず、すでに持っているものをすべてリストに書き出す。携帯電話に保存してある、友人たちからのたくさんのクリスマス・カードも例外ではない。次に、手に入れつつあるものを書き出す。私は、しばらくぶりのやり方で、自分の心と体に意識を集中している。なんてことだ、このところ食欲がないおかげで、腹筋が、長年見たことがないほどみごとに引き締まってきている。

不意に、私は笑う。何カ月ものあいだ、書くための静かなところがほしいと、私は不平をこぼしていた。ただ、どこへ行って、何について書けばいいのか、わからなかった。まあいい、問題は解決した。

この世界では素晴らしいことが起きる。実際に何が起きるかわからないし、知ることは難しいが、人生を信じて、自分にできることをするのみだ。バーベルを持ち上げ、トレーニングを続けよう。

少しすっきりした気分で、私はマリーナ・グリーンへ向かって歩く。ジムは閉まっているが、体を動かす必要がある。そこで私は短距離を全力疾走《しっそう》する。こんなふうに走るのはいったい何年ぶりだろう。全力で駆け抜け、息切れしている私を、ほかのランナーたちが立ち止まって見つめる。

走り終え、肩で息をしながら、私は夕日が橋の向こうに沈んでいくのを見つめる。息を切らしつつ、ついに、2つの単語が自然に出てくる。Thank you（ありがとう）、が。

私はその言葉を繰り返す――「私より大きなもの」が何であれ、それに向かって。ありがとう。ありがとう。ありがとう。

29

朝はいつもつらい。目覚めると、「今ここに在るもの」に関する容赦《ようしゃ》ない冷たい現実に気づき、私はすぐさま、もし～だったらどうしようと考え始めてしまう。そのため、10回の呼吸をする。ひたすら必死に呼吸する。

哺乳動物が息をするときには、生命のもととなる酸素を取り入れ、有害な二酸化炭素を吐き出す。同じことを、私はしている。息を吸うたび、〈私はわたしを愛している〉、と自分に言い聞かせる。息を吐くごとに、心に浮かぶあらゆるものを手放す。

私は、息を吸うたびに、光が天上から私の体内へ流れ込むのをイメージするようになっている。

死神は、やはり私の心から離れない。確かにそこにいて、骨張った指で手招きする。息をするたび、私は前進する。死神が、後退する。ひとつだけ、確かなことがある。いつの日か、私が最後の息をするときが来る、と。

今朝、湾を眺めながら、それが愛にあふれる息であることを、私は願う。

30

犠牲者の顕著《けんちょ》な特徴は、自分こそが犠牲になっていると考えるところだ。「私はこんな目に遭《あ》った」「彼女が私にこんなことをした」といった具合に。

彼女はどうなのか。誰もが、ほかの人に知られている、あるいは知られていない、さまざまな理由や苦しみを抱えている。それは彼女も同様だ。そんな彼女が私をどういう人間だと思うか。そこには、彼女に対する私の接し方が表れる。同様に、私が私自身をどういう人間だと思うか。そこには、私自身に対する私の接し方が表れる。

犠牲者であることをやめるのは、私の責任だ。他人の心や行動をコントロールすることはできないし、責任も持てない。あくまで、私自身の心と行動にかぎる。そういうわけで、私は自分のするべきことをしなければならない。地図なら、持っている。

「出来事が自分に起きる」のではなく、次のように変えよう。自分が、出来事を起こすのである。

どんな人間になるかを選択しよう。パワーの源を、深く心から自分を愛するという真実を、拠《よ》り所にすることを選択しよう。それが、出来事を起こすということだ。どんな結果が生まれるか、見てみよう。

31

私は、瞑想を始める。この1年あまり、真剣に取り組まずにきてしまったことを。音楽をかけ、気持ちを穏やかにする。息を吸うたびに、光が天上から体内に流れ込むのを感じ、〈私はわたしを愛している〉と心のなかで繰り返す。次いで、手放す必要のあるものを全部、息とともに吐き出す。心にとってのすべての二酸化炭素を。

集中力が切れるときはむろんあるが、音楽が錨《いかり》となり、今は何をする時間かをさりげなく思い出させてくれる。終わりが近づくにつれ、集中できない時間は減っていく。いつしか、心がリラックスする。こういう平安を、心も死ぬほど欲している。

この瞑想は、ほかの何より私を集中させてくれる。私によって、純粋に私のために行う、特別な時間である。

32

父が母に暴力を振るうのを見て、私が父に立ち向かおうとすると、父はいつも、私の顔が血だらけになり、母がやめてとすがるまで、私を殴《なぐ》り続けた。私たちが父のもとを離れたのち、私は小児性愛者に悪戯《いたずら》をされた。それが心の傷になっていたということなのだろうか……。その気になれば、本を書けそうだ。

私は、そうした経験のせいで、犠牲者になったのか。あるいは、そうかもしれない。

だが、もはや子どもではない。そして大人なら、選択肢は二つに絞られる。犠牲者のままでいるか、それとも、英雄になるかだ。

ずいぶん昔に、私は後者になる選択をした。陸軍に入り、肉体を鍛え、武道を学んだ。子ども時代の経験によって、私は今のような恐ろしく義理堅い人間になった。本書のような内容の本を書く感受性と人間的深みを与えられた。

生き延びて、今の私になった少年の私を、私は心底から誇りに思う。少年の私は、起きたことから逃げ出さず、そこから素晴らしいものを生み出した。私の少年時代のストーリーの英雄になった。

今こそ、一歩を踏み出すときだ。もう一度、選択をしよう。現在のストーリーの英雄になろう。

33

たとえ人や状況があなたの人生から去っても、それによってあなたという人が変わるわけではない。自分が何ものであるかは、自分だけが知っている。もし、自分のある面を気に入らないと思っているなら、その感情的エネルギーを別の形で活かそう。神経線維《せんい》の先の先までもが疲れ果てるくらい全力で打ち込もう。もはや、何かがあなたに起こることはない。あなたがそれを起こすのだ。

燃え尽きるほどに全身全霊を傾けて臨み、そして不死鳥のようによみがえろう。何としてもやり抜く覚悟で取り組むこと。最高の自分になろう。

あるいは、先日から私がしているように、自分に問いかけてもいい。〈「ザ・ロック」ことドウェイン・ジョンソンならどうするだろう〉、と。

34

10回の呼吸が、自然にできるようになってきている。気分も上向いている。バスルームであれジムであれ、鏡の前を通るときには、そのすぐそばまで近づき、自分の目をじっと見つめ、自分自身への愛を感じる。背筋をピンと伸ばし、顔を上げる。

もっとも、いつもというわけではない。「もし〜だったらどうしよう」という疑問が、何度も浮かんでくる。それは私の不安だ。私と別れたあとの彼女の様子を予想するふりをして、突然浮かんでくる。そして、私が至らなかったのだと告げる。

どれもこれもが不安だ。天井からゆらゆらとぶら下がっている、幻の蛇だ。

何の役にも立たない、と私は思う。現実でもない。現実なのはただひとつ、今ここに在るものごとだけ。そして今ここに在るのは、最高の自分を目指して私が全力で取り組んでいるということ。さらに言えば、彼女はこの先どこへ行くにせよ、最高の私を知らないままでいることになる。

とりあえず、ユーモアのセンスは戻ってきているようだ。

しかしながら、今後どんどん上向いていく自分を目に浮かべることができても、障害はきっと待ち受けている。状況がよくなれば、私は安心し、漫然と過ごしてしまうだろう。実際、過去にはそういうことが何度となくあった。

だが今回は違う。最高の私は、漫然と過ごしたりしない。

私の最大の強みは、誓いのパワーを信じていることだ。これまでの人生で手に入れた成功にしても、どれもが誓いを立てた結果である。今回も、このパワーをやがて使うことになるだろう。

35

友人から携帯メールが来て、1月の男子旅に誘われる。目的は、パーティーに参加して恋人を見つけること。そのため私は自問する。〈もし、自分を深く心から愛しているなら、私はどうするだろう〉。

答えは考えるまでもない。そういう気晴らしは虚《むな》しさをあおり、私の心は癒やしを求めることになる。私は誘いを断る。

その問いが、瞑想をしているときにふたたび浮かび、私はその問いをたびたび使い始める。最も効果があるのは「もし」の部分だ。あまり自分を愛していると言えないとき、これ以上によい問いはない。自分を愛していたら浮かぶはずの答えが、おのずと手に入る。

すこぶるシンプル、かつ確実。最良のものとは、そういうものだ。

36

ある考えがひょいと浮かぶ。私が必要としていた考えが。

私は長いあいだ、さまよっていた。必死の努力をせず、漫然と過ごしてしまっていた。だが今はもう違う。頬をひっぱたかれて目が覚めたときのような気分。これほどの痛みは生まれて初めてかもしれない。自分を愛することだけに、日々ひたすら打ち込もう。最高の自分になることを目指して。

その考えは、長くはとどまらない。にもかかわらず、この上なく心地よい。

37

人は、一度にひとつのことしか考えられない。また、ひとつの考えを感情〈本気で信じる気持ち〉を込めて何度も考えると、その考えが強固になり、ふたたび思い浮かぶ可能性が高くなる。そのため、私が将来どんな考えと感情を持つかは、私次第ということになる。今この瞬間、私は未来の考えと感情の進路を定めているのである。

私は太陽のほうに顔を向けて目を閉じ、光が、現実ではないあらゆるものを消し去るのを感じる。同時に、心のなかで思う。〈私はわたしを愛している。私はわたしを愛している。私はわたしを愛している〉、と。

なぜ、光なのか。なぜなら、光は命だからだ。植物に尋ねてみるといい。

夜でも、瞑想をしているときでさえも、私はそういう光を感じる。数多《あまた》の星や銀河が私のなかに流れ込み、体内を降りていくのをイメージする。光は手を伸ばせばいつもそこにある。これは、自分を愛することの中核になってきている。

私の名前は、私が生まれた国の言葉でハスを意味する。泥《どろ》のなかから茎を伸ばし、光に向かってひらく花だ。ついでながら、古い物語によると、その花びらのうえに神が座るのだという。

光は私を目覚めさせ、私を癒やし、私を自由にしてくれる。私はただ、光を受け取りさえすればいいのだ。

38

朝。目覚ましのアラームが止まる。私は夢から覚めるが、心はすでに苦しみを訴え、「もし～だったらどうしよう」とつぶやき始めている。そこで私はいつものように、10回の呼吸をする。深く、ゆっくりと。心をいよいよ混乱させるのではなく、私は心に私の意志を押しつける。責任を持って、進路を定め、「溝」を深くしていく。私はこんなふうに、最高の、この上なく大切な考えを追求する。

それから、コーヒーを飲み、瞑想をする。これによって、私はあの比類なき光を受け取れるようになる。音楽が終わるまでに、私のなかの何かが安定する。

その後の時間は、刻々と進む。私は過去最高のレベルで精力的に執筆する。ジムに行ったり短距離を全力疾走したりするときには、一心に打ち込み、長めの休憩を挟《はさ》んでまた取り組む。これによって、自分は肉体を持つ動物であると意識するようになる。

頭の向かうところに、体はついていく。だが、逆もまた然《しか》りだ。ここに答えがある。

39

ある友人から、思い出したように、携帯メールが届く。数カ月ぶりだ。

「体調はどうだい」とある。

半年前、私はずっと悩まされていた問題について、ごく簡単に彼に話したことがあった。一瞬気が遠くなり、それが原因で消耗性《しょうもうせい》の痛みが何カ月も続き、さらに頭痛がたびたび起きていた。それ以外には、エゴのせいで、人生を深く掘り下げられずにいた。

いや実際、何かが壊れなければならないなら、それは私のエゴであるべきだ。エゴのせいで、私は本来の私になれない。人生が差し出してくれる支援を受け取れない。私は、友人に電話をかけ、そのことについて詳しく話す。

「そうだったのか」

私が話し終えると、彼が言う。

「実は今朝、ひょっとしてきみの健康を取り戻せるかもと思う方法を考えついた。だから、メールを送ったんだ」

健康状態を最適にすることにかけては、彼の右に出る人はいない。私は、トンネルの向こうに、光を見る。

「きみを支援する」と彼が言う。「検査の結果を全部集めて、計画を立てよう。1週間単位で進めていく。うん、きみなら絶対、やり遂げられるよ」

私が誓いのパワーを信じていることを、彼は知っている。私は、ひとたび何かを始めたら、全力で打ち込む。恋愛関係のいいところと悪いところの両方を、心に傷を負いながら学んでいる。相手は私の誠実さを、単に受け取るのではなく、受け取るべきだ。なぜなら私が愛しているのだから。いや、恋愛関係は捨て置こう。彼女のことは忘れよう。彼女は私を救ってくれない。私が救うのだ。

40

私は怒っているか。無論、怒っている。彼女に対して。起きたことに対して。自分自身に対して。人生に対して。

〈なぜ、私を幸せにできなかったんだ〉。私は心のなかで、すがるように人生に言う。〈なぜ、彼女と一緒にいるときに、私を今くらいにまで成長させられなかったんだ〉。あるいは、ほかのどれより苦しいこの問いを投げかける。〈なぜ、こんなことになってしまったんだ〉。

人生は答えない。いや、もし答えをもらえたら、私は耳をつんざくほどの大声で叫んでしまうかもしれない。

怒りは私に破壊《はかい》しかもたらさない。そのため私は、一日のうちのいつであれ、怒りや絶望を覚えたら必ず、10回の呼吸に戻る。

また、怒りや絶望を覚えても、私はつまらない人間だということにはならない。私は、心が広く、愛情深い人間だ。それ以上でも以下でもない。ここに、パワーがある。さらには、どんなことがあっても、彼女に対する愛を合理的に説明して、安っぽいものにしたりはしない。愛とはそういうもの。自分を傷つけた相手を愛し続けるには、強さが必要だ。そこには欠片も、弱さはない。

怒りや苦しみが募ってきたときはいつも、募るがままにしておく。消え去っても、私は何も反応せず、そのままでいる。そう、私のまま。それから、いつもの光へ、気持ちをシフトする。

41

私はイェジーを訪ね、トレーニングのコーチをしてもらう。取り組むのは次のレベル、オリンピック・ウエイト・リフティングだ。トレーニングではパワーが、最短時間で最大限にまで高められる。クリーンとスナッチを行うには、体の持つあらゆるものが要求されるのだ。そういうパワーによって、体が変わる。私は体内組織が目覚め、動き出すのを感じることができる。

これは心にも共通する。私は、自分を愛するための行動を、何カ月もかけて広げることができた。あるときに、少し。別のときにまた少し。したいと思うとき、気力のあるときに。ただ、それには辛抱強さが求められる。一体誰が、辛抱ばかりして生きたいと思うだろう。

それに辛抱だけでは、私が今感じているような成長をおそらくもたらさない。私はそのことを、いやというほど知っている。成長するための方法は、心も体も同じだ——覚悟を決めて始める。そして、全力で取り組むのだ。

「僕には哲学が——生きるうえで大切にしていることがある」

トレーニングを終えて、イェジーが言う。

「向上せよ。——これだけだ」

それは、私の今の状況にも言える気がする。

「誰かの哲学を知りたいと思ったら」と彼は言う。「その人の生き様を見るといい。僕たちはみな、自分の哲学を実践して生きている。その結果が人生になる」

42

もし、私が宙《そら》の高いところから、歴史が流れ、過去から現在に至るすべての人間模様が次々と展開するのを見ることができたら、さらにはそうした歴史が物理的に私に迫ってきたら、私は痛みに顔をしかめつつ、何と言うだろう？

「さあ来い、苦しんでやろう」と言うだろうか？　まさか。

私は自分をいたわるだろう。深い愛情をこめて自分の目を見つめ、言うのだ。

「大丈夫。忘れよう。彼女の幸せを願い、彼女の幸運を祈り、そして忘れよう。光のなかへ行き、人生を信頼しよう」

43

イェジーとアニエラは、ポーランドを脱出したのち、ほぼ文無しでニューヨーク・シティに着いた。初日に旅行かばんも盗まれてしまった。だが、彼らには彼らの優先順位があった。ジムを探し、早くトレーナーの仕事を再開する必要があった。

ふたりは、サルベーション・アーミー（救世軍が経営する小売店）へ行って衣服を探した。だが、イェジーに合うサイズのスニーカーは、ショッキング・ピンクの色しかなかった。

「1ドルだったし」と、彼は笑いながら言う。「いいも悪いもない。買うほかなかった」

ジムへ行くと、スクワット・ラックに大柄な男性がふたりいて、真剣な顔でウエイト・トレーニングに取り組んでいた。だがフォームがよくない。背中が丸まり、かろうじてバーベルを持ち上げていた。

力になりたいと思ったイェジーは、彼らのほうへ歩いていき、フォームを直したほうがいいとアドバイスした。ふたりはイェジーを見たが、ショッキング・ピンクのスニーカーに目をとめ、笑い出した。

イェジーは言う。

「口で言ってもダメな場合がある。そういうときは、見てもらうほかない」

イェジーはバーベルのバーをつかみ、完璧なスナッチを3回やってみせた。ふたりがうまく持ち上げられずにいたのと同じ重さのバーベルである。それからというもの、ふたりはイェジーに会うたび、どんどん親しくなっていった。

学び　その1　履《は》いている靴《くつ》によって他人を判断してはいけない。

学び　その2　疑いの目を向けられたときは、最高の自分を見せよ。

44

後ろ向きな気分になり、私は彼女にメールする。返事が来る。……あなたにはきっとベストな結果が出るわ、云々《うんぬん》。

私は返事のメールを、しばし見つめる。あれほど多くのことを分かち合った相手に対し、その後あんなにも急に態度を変えられることに、あらためて驚きながら。ただ、それは彼女の問題であって、私の問題ではない。私は私でいよう。

私は、先日つくったリストを引っぱり出す。友人が言ってくれた褒め言葉を書いて、それきりになっていた。

彼女が言ってくれた言葉を、リストに加える。

1　私は本当に素晴らしい人間だ。
2　私はたぐいまれな誠実な心の持ち主だ。
3　私は素敵だ。
4　私にはきっとベストな結果が出る。

この男は、なかなかどうして、「最高の自分」に近づいてきているようだ。

45

私は家族とともに、ディナーの席にいる。場所は、ロンバート・ストリートにあるしゃぶしゃぶの店。甥《おい》っ子が生まれて100日になるお祝いである。甥っ子は、抱っこひもに包まれて母親の胸に抱かれ、ぐっすり眠っている。その子の兄は、私の隣に座り、箸《はし》でｉ

Ｐａｄを叩いている。

「生まれるというのは、とんでもないことだね」

私の弟が言う。

「だってそうだろう。子宮のなかは快適そのもので、必要性はすべて満たされている。ときどき体を動かす。ときどき音楽を聴く。ほしい食べ物もきちんと与えられる。なのに突然、壁が押し寄せ、水がなくなる。なくなるんだ。そして否応なしに外の世界に押し出される。まぶしくやかましい世界に――」

「そしてきみをひっぱたく」と私が言う。

「そう、ひっぱたくんだ。何の不足もなく満足しきっていたからさ、この世界に出てひっぱたき、非難してるんだ」

みんなが笑っている。今夜の彼は上機嫌だ。

「誰も、生まれたくて生まれるわけじゃない」

彼はそう言って、私をまっすぐ見つめる。

「押し出されるから、やむなく生まれるんだ」

話題の人ならぬ、生まれて100日の坊やが目覚め、みんなの注意を集める。

私の弟がふたたび私に向かって言う。

「ジョーがロサンゼルスに引っ越すんだ」

ジョーというのは、弟のニューエイジ好きの友人だ。いつ会っても、前向きで明るい。

「彼には合ってるんじゃないかな」と私は言う。

サンフランシスコが愛と寛容の砦《とりで》であることをやめてしまって久しい。近頃では、中心地は南カリフォルニアに移っている。

「うん」と弟が答える。「聞いてびっくりだと思うけど、実はすごく頭が切れる。どういう経歴の持ち主か、想像できる?」

「素粒子物理学の専門家とか」

思いつくなかで、いちばん突拍子《とっぴょうし》のなさそうなものを言ってみる。

「マフィアにいたんだ」

「嘘だろ。まさかジョーが？」

「19歳のときだった。下っ端で、刑務所を出たり入ったりしてたんだけど、頭がいいことが知れて、ロースクールに行かされた。で、卒業後はそのマフィアの弁護士になった」

「終身雇用だな」

笑いながら私は言う。

「やめるわけにはいかない」

「その後、彼女が妊娠する。彼女は子どもを産むことにする。やがて息子が生まれ、ジョーはこのままじゃ何もかもがダメになると思う。自分は変わらなければならない。息子を持つ父親として刑務所にいるわけにはいかない。だからマフィアを抜けた」

信じがたい話を聞いてしまった。私は、ジョーが信号を無視して道を渡るのさえ想像できない。まして、マフィアにいたなどとは。

「ときどき、あるよね」。弟が言う。「最悪だと思っていた出来事が、気づいたら、最高の経験になってるんだ」

46

全然心が晴れない。笑顔にもなれない。いや実際、彼女を恋しく思うたび、惨めな気分になる。それでも、以前よりは上向いている。それは間違いない。別れてまだ数週間だが、全身にねっとりとまとわりついていたネガティブなものが剝がされた感じ。本当に久しぶりに、目が覚めた気がする。

やはり人生が私に手を差し伸べてくれたんだろうかと、ときおり思うことがある。私はもはや、眠ったように無気力ではない。自分を愛することに一心に取り組んでいる。執筆もスムーズに進む。トレーニングも絶好調だ。

「ザ・ロック」ことドウェイン・ジョンソンもきっと、いいねと認めてくれるだろう。

47

私は、生き残りモードになっているせいで、躍起になっている。やがて失速し、漫然と過ごし始めるだろう。それは人間の性《さが》だ。私という人間の性質だ。実際、どのような進歩をしていようと、私は相変わらずマイナー・リーグにいる。けれど遠からず、メジャーに上がれるはずだ。

どうすれば、上がれるか。誓いを立てるのだ。

48

瞑想の素晴らしさは、びっくりするような考えがひらめくところにある。疑問に対する答え、すでに自分のなかに持っていながら気づかずにいた答えが浮かんでくるのだ。たとえば今朝は、こんな考えがひらめいた。〈彼女に対する私の愛は清らかで美しい。この愛を、今こそ自分自身に向けよう〉。

そのようなひらめきには、注意を払う必要がある。心というのは扱いが難しく、思わぬところから忍び寄ってくる。答えだと思ったものが実は、心の勝手気ままな想像にすぎない場合もある。そのような思い違いを防ぐには、どうすればいいか。自分に問うのだ。これは不安だろうか、それとも愛だろうか、と。

不安なら、答えはもうわかっている。それは、現実でもなければ役にも立たない、幻の蛇だ。

愛なら、ひらめいたことを実践しよう。

49

気がつけば、ものごとがうまく回るようになっている。健康の問題を解決したいと思っていると、うってつけの人が突然現れ、アドバイスをしてくれる。ある出会いのおかげで、投資で失敗せずに済む。その出会いがなかったら、損をしていたはずの投資だ。ほかにもいろいろと。

偶然だろうか。確かに偶然だ。シンクロニシティだろうか。そうに違いない。ただ、大切なことがある。私は信じることにしたのだ——自分は、風に舞う孤独な1枚の葉などではない。「自分より大きな」ものの一部なのだ、と。そうだとすれば、今の状況は私にとって、少しも不思議ではない。

あなたが自分をまるごと愛していると、人生もあなたを愛してくれるのである。

50

私はもうずっと、アルコールを一滴も飲んでいない。ソーシャルメディアに割くエネルギーは皆無。世間話も全くしない。いずれも、機能を低下させるもの。心にとっての二酸化炭素だ。

かつてパスカルはこう言った。人間の苦しみはすべて、部屋にひとりで静かに座っていられないことから起こる、と。そうか、ならば勝負してみるか。私の勝ちだ。

苦しくてたまらない状況に直面すると、現実ではないあらゆることが剝ぎ取られる。あとに残るのは本当の私。心はすぐ、つまらないことを考えたがるが、私はそれを許さない。これは、とても大切なこと。私は、とても大切な存在。

自分はとても大切な存在であるという考えに、私は驚く。自分を愛している人だけが、そう考える。本当に久しぶりに、私は微笑む。

51

私は、全身全霊を傾けて、わたしを愛している。みずからを救うために。苦しみから抜け出すために。思い出や彼女の面影が胸によみがえらないようにするために。だが、自分を愛することが、目的達成の手段ではなく、それ自体が目的だとしたら、どうだろう。

こんな考えは、当初は一度として浮かんだことがなかった。たとえ浮かんでも、困惑《こんわく》しただけだっただろう。いや、もしかしたら、自分を愛することには段階があり、ひとつクリアしたら次へ進めるのかもしれない。ちょうど、ゲームでレベルアップするのと同じように。

私はそう思って、純粋に私自身のために、わたしを愛することにする。生き残るためではなく、癒やしのためでもなく、むろん、彼女の代わりに、でもなく。

私はわたしを愛する。なぜなら、私はわたしの愛を受けるにふさわしい、大切な存在だからだ。

52

大晦日《おおみそか》。私は散歩に出かける。風の強い、サンフランシスコの夜。そろそろ帰ろうと思い、アパートへ続く角を曲がると、年配のアフリカ系アメリカ人カップルが写真を撮り合っている。男性はパーカー姿。女性は、きらきら光る黒のスカートをはき、目一杯お洒落をしている。

「一緒に撮りましょうか」と私は申し出る。

女性がぱっと顔をほころばせる。

「お願いします。ありがとうございます」

スマートフォンを私に渡し、女性は男性に寄り添う。いかにも長年の恋人らしい様子で、ふたりは抱き合う。甘く、親しげに。私は4枚撮るが、最後の1枚のときに声をかける。

「愛を、与え合ってください」

彼が彼女にキスをする。輝くような彼女の笑顔。私はスマートフォンを返す。ふたりは礼を述べ、新年の挨拶《あいさつ》をする。私はその場をあとにしかけるが、ふと立ち止まる。

「実はつらい別れを経験したばかりで」と私は言う。一陣の風が目の前を吹き抜ける。「なので……愛を見ることができて、よかった。ありがとう」

女性が両手を胸に当てる。

「お察しします」。女性が言う。「あなたのために、ふたりで祈ります」

「ありがとう」

どのような励ましも、ありがたく受け取る。

私は暗いアパートの部屋へ戻り、すぐにノートパソコンをひらいて、今の出来事を書く。

53

元日。1年前の元日に、私は自分のほしいものについて詳しく自問し、答えを書きとめた。思えば、その多くが手に入った。これが、ほしいものを決め、それを明確に述べることのパワーだ。

人生が自分の内から外へ広がっていくことを、私は思い出す。自分の内側のことに集中すると、あとはひとりでにうまくいくようになるのだ。そこで今年は、これまでと違うことをしようと思う。どんな目標を達成したいかというより、どんな人になりたいかを決める。そして宣言するのだ。

私は自分に問いかける。：〈もし自分を深く心から愛しているなら、私はどんな人になるか〉。

答えは明らかだ。：私は最高の自分になる。

さらに問う。：〈そのために必要なものは何か〉。

答えはやはり、考えるまでもない。：狂おしいほどに、自分を愛することだ。

54

ちょっと考えてみよう……。

1　あなたの思考と感情が、あなたの内面の状態をつくる。

2　あなたの内面の状態は、あなたの周囲の状態に影響をもたらす。

3　あなたの周囲の状態が、あなたの人生に影響をもたらす。

つまり、1から2、2から3へつながっているなら、あなたの思考と感情はそのまま、あなたの人生に影響を及ぼすことになる。

時計の針を巻き戻し、私の場合がどうだったかを見てみよう。ラグをめくられる空想をしてから、私は守りの態勢で生きていた。なにごとに対しても粘り強く努力することがない。自分から出来事を起こすのではなく、出来事に振り回されていた。

それが私の内面の状態であるなら、私の人生はどうなってしまうだろう？

とことん正直になって言うなら――正直になるべきだし、それが私の性分だ――、ラグをめくられる空想をして以来、私は自分を無力に感じていた。そのことによって、私の人生にどんな影響が及ぼされたか。種は、蒔《ま》かれた場所で育つもの、と言えばいいだろうか。

ここで学ぶべきことは何だろう。

パワーを、自分の内から外へ広げていくために必要なことは、何でもしよう。なにごとも思いのままだと感じるために。自分が、出来事を起こすのだと実感するために。私が、いや私だけが、責任を負っている。私の気持ちに、感情に、究極的には人生に。ありとあらゆるものごとに。

何であれ、済んだことは済んだこと。新しい種を蒔くときが来たのだ。

55

では、新たな種はどのように蒔けばいいのか。簡単だ。土台から、つまり思考と感情から、取り組みを始めるのである。怒り、苦しみ、妬みなど、不安の表れであれば、すべて闇。自分自身への愛であれば、光。明確に区別しよう。妥協《だきょう》の入り込む余地は、みじんもない。

私は、できるかぎりいつも、気持ちを光へシフトする。自分に光を感じさせる。何度も、何度でも。ずっとそうしてきたが、もう一段上へ引き上げよう。種を蒔くだけでなく、必要な栄養を与えるのだ。

自分を愛することには、パワーがある。ただし、1回愛すればそれで終わりではない。筋トレと同じく堅実に、おそらく一生、続けていかなければならないのだ。それで？　これが解決策になるなら、これほど素晴らしい解決策はない。結果として起きるミラクルを楽しむ価値が、私にはあるのだ。

56

健康をしっかりコントロールしなければならないときが来ている。携帯メールをくれた友人が、私のために計画を立ててくれている。だが、私はじっと待つのをやめて、マット・クックを訪ねる。マットは再生医療における全米随一の専門医だ。私が昨年会ったなかで、ただひとり、私に成果をもたらしてくれた人でもある。

私たちは検査の結果をざっと見る。そこには、私の健康状態が前回よりよくなっていることが示されている。なによりなことに、心が、事後に対応するのではなく、先を見越して行動できる状態になっている。これは癒やしによい効果をもたらす。

続いて私は、リサとおしゃべりする。リサは、仕事熱心な優しい看護師で、すべての患者が安心できるよう心を砕《くだ》いている。けれども彼女の目は悲しみをたたえている。数カ月前に、ヘロインの過剰摂取で、息子を亡くしたのだ。

彼女の心の痛みがどれほどか、私には想像もつかない。彼女の苦しみが山火事なら、私のはマッチの炎にすぎないだろう。ただ、思い出したことがある——心の痛みは、誰もが知っているのだ、と。どんな形で、どんなときに知るかは、それぞれかもしれない。けれども知らずにいる人はいない。それは、人間の経験の根源的な部分だ。

心の痛みによって、私は特別な存在になるわけではない。私は、人間らしくなる。また、なにごとであれ、それを経験するのは私ひとりではない。数多の先人たちが、同じ経験をしてきたのだ。ローマの詩人も、かつてこう述べた。

「私は人間だ。ゆえに、人間的なことは何であれ、私にも当てはまる」

われながら驚くことに、私は自分が経験していることを、彼女に話す。例の、友人の拳銃についての空想さえも。彼女は息を吸い、私に腕を見せる。鳥肌が立っている。

「もう言わない」

私は言葉を尽くす。

「さっきみたいな考えは、どこかに消えた」

彼女は長いあいだ、強く私を抱きしめる。

みずから命を絶つという考えが浮かぶと、私はハッとなった。もっとも、実行には移さずに済んでいたし、そんなことを考えたのは私が最初ではないことも理解した。ただ、自殺に関する考えは依存症となんら変わらないかもしれない。断ち切ることはできる。だがもし、よろけて、クスリが山と捨てられているダンプスター(大型のゴミ収集容器)に突っ込んでしまったら、ふたたび衝動が頭をもたげてしまうだろう。

解決策は、強力な「溝」を新たにつくること。そうすれば、たとえ古いパターンが顔を出しても、その力を削《そ》ぐことができる。出てきても、じきに引っ込むようになる。やがて、新たな「溝」のおかげで、忌《い》まわしい針を突き刺さなくなる。

57

私はバーブに会う。バーブは、マットのプラクティス・マネジャーを務める、聡明な女性だ。多臓器移植を受けるも、あらゆる医者の予想を覆《くつがえ》し、前向きかつ健康的に生きている。気功をしており、私もセッションを受けないかと誘われる。私はやってみることにする。自分を愛する人は、支援を申し出てもらったら、ありがたく受ける。

セッションのあいだ、私はマッサージ台のうえに横になる。目を閉じ、うとうととする。眠っているとも起きているともつかない状態にあって、私は自分がたった今、命が潰えて、神に会っているように感じる。神は、何もない広大な空間に輝く、明るい光だ。私は漂うように、その光に近づく。

「人生はどうだった」

神が問う。


「まあまあでした」

私は答えて、さらに言う。

「ありがとうございます」

心の底から、私はそう思っている。


「まだまだだな」と神。

光は、輝くレンガの壁となり、天にまで延び、私との距離がいっそうひらく。


「最高の自分になって人生を歩みなさい」

神が宣《のたま》う。

58

夢のなかでは、日常をとんでもなく逸脱《いつだつ》した出来事が起こる。ラグをめくられる空想をしたのち、私は生まれて初めて悪夢を見た。見物人に囲まれ、見知らぬ死刑執行人によって拷問《ごうもん》を受けている夢だ。大きくあえぎながら私は目を覚ました。

「なぜ、こんなことになったんだ」

もし私が小説としてそのストーリーを書いているなら、いかにも作り話で大げさだと考えるだろう。

「ダメだ」と思い、私はきっとその部分を削除する。「新鮮味がまるでない」

だが、あなたの潜在意識があなたと出会うのは、小説のなかではなく現実だ。

かつて私は、悪夢を見たことがないのを自慢に思っていた。だがもう、そんなふうには思えない。おそらく、誰にでも、安全装置のスイッチが入る瞬間がある。私の場合は、胸の張り裂けそうなこの悲しみがそれだった。

ただ、そんな状況のなかにも、美しいものがある。私は彼女を愛していた。心の底から、愛していた。

以前、彼女にこう言ったことがある。

「僕はきみを今日、愛しているだけじゃない。今日から30年間、愛するよ」

私はどこまでも彼女を愛していた。そのことを、私は胸の奥底で知っていた。恋人となった女性をそんなにも深く愛せる男であることを、私は誇りに思おう。

私はゆっくりと目覚め、夢のなかで自分が死んだことをバーブに話す。

「新しいあなたの誕生ね」

バーブが言う。

あなたは、転落していく夢を見るかもしれない。だが、それもまた、あなたが上向いている表れである。

59

夜。私は暗いリビングに座り、窓の外を眺める。サンフランシスコ湾の向こうで、オークランドの街の明かりがきらめく。いつもは、クリスマス・ツリーのようにライトアップされたコンテナ船が、滑《すべ》るように行き交う。だが今夜は、動くものは何もない。

私は片方の手を胸に当て、静かに思う。〈私はあなたを愛している。私はあなたを愛している。私はあなたを愛している。私はあなたを愛している〉。

むろん、私は自分に対して言っている。ただし、ふだんは見えない自分に対して、である。現在の自分が、幼い頃の自分に、話しかけているのだ。

ずいぶん昔に、性的な悪戯をされている幼い自分を思い描くというワークをしたことがある。あるワークでは、私は小児性愛者の頭を（文字どおり）吹っ飛ばして、幼い自分を助けた。別のワークでは、恥《は》ずかしそうに隠れている幼い自分のそばへ寄り、抱きしめて、守ってあげると約束した。

さまざまな場面を思い描いたが、大人になった私が幼い自分を救いに戻るという設定は共通していた。基本的に、私は幼い自分にこう言っていた。

「やっと会えた。もう誰にも、きみを傷つけさせはしない」

私は子ども時代の別の自分、ほかの記憶についても、同じワークをした。そのようなワークはどれも有用だ。ただし、それらが1回限りで終わりではないこと、決まった形式に沿って取り組むものではないことを私は知った。魂《プシュケ》というのは、とても複雑なものなのだ。

どのような癒やしを体験したとしても、私はそれを強固にする必要がある。習慣としてたゆまず取り組もう。いやいっそ、一切を網羅《もうら》するひとつの方法にまとめよう。その方法とは、すなわち、愛である。

60

しなければならないのに、後回しにし続けてきたことがある。仕方がないと言えば、仕方がない。私は生き残りモードになっていたから。ちょうど体が、血液を送る先を、四肢《しし》から重要な臓器へ転じるのと同じように。だが、次の段階へ進むためには、私はこれをしなければならない――自分自身を許すのだ。

これまでにした、あらゆる失敗に関して。もっとうまくやれたはずのさまざまなことに関して。すべての過ちに関して。あらゆる後悔に関して。今こそ、重荷を下ろし、済んだこととして忘れよう。

そこで私はそのとおりにする。ノートを手に取り、浮かんでくることを一文、また一文と書いていく。どの文も、「私は自分を許す」で始まり、「〜に関して」で終わる。それを、何も思い浮かばなくなるまで続ける。その後、書いたものを声に出して何度も読む。長いあいだ抱えてきたものの重みを感じながら。

終えると、私はブーツの紐《ひも》を結び、マリーナ・グリーンへ向かう。水辺へ続く階段に腰を下ろし、また文を書いていく。驚いたことに、最近の出来事については、後悔ではなくもっとよい言葉が思い浮かぶ。どうやら、思うより一段深いところにも、考えがあったらしい。とにかく、この作業をしたおかげで、それを見出すことができた。

最後に次のように書く。

「私は自分を許す、なぜなら私はわたしを愛しているからだ。私は自分を許す、なぜなら私には、愛と喜びと思いやりを得る価値が、最高の人生を生きる価値があるからだ。私は自分を許す、なぜなら人生が私を愛してくれているからだ」

私は書いたものを最初から最後まではっきり声に出して読む。やがて、私のなかの何かが変わり、私はよしと思う。そのページを剝ぎ取る。それから岩場へ降りていき、手頃な岩を見つけ、いつかの機内でもらったアイマスクと一緒にそのページで包む。手に持つと、硬さと重さを感じる。

私は湾を眺める。左手にゴールデン・ゲート・ブリッジ、右手にはアルカトラズ島が見える。悪名高かった監獄島は、沈みゆく陽の光を受けて照り輝いている。だが、この刑務所を史上最も有名にしたのは、岩とセメントで造られたことではない。そこに刻《きざ》まれる心である。

私は包みを、湾に向かって勢いよく投げる。包みがポチャンと水に落ちる。そして見えなくなる。そう、見えなくなる。それから私は10回の呼吸をする。ただし、いつもと違い、1回息をするたびに「ありがとう」と言い、天上から自然に光が入ってくるのを感じる。何かが違う。私は、光を入ってこさせようとするのではなく、光を受け取っているのだ。

私はその場をあとにする。ブーツでことさらに歩道を踏みしめて歩きながら。

61

私はこのワークを、これから先、何度もしなければならないだろう。人間的であることの本質とは、なれるはずの自分に、たぶんなれないということだから。それはまあいい。自分を愛すれば愛するほど、全身にねっとりとまとわりついていたネガティブなものが減っていく。手放さなければならないものが、少なくなる。

思い描いてみよう。自分という宇宙船が地球から打ち上げられ、上昇し、水平に飛ぶようになる。その後ふたたび上昇し、やがて水平に飛ぶ。これを繰り返す。あなたは、あなた自身を愛することによって、上昇する。あなた自身を許すことによって、水平に飛ぶ時期を乗り越える。成長・向上しながら、あなたは徐々に近づくのだ——光に。最高のあなたに。

62

ジムの外で、私はニューヨークの友人に電話をかける。前回彼と話をしたのは、ラグをめくられる空想をした翌日だった。私は、ここしばらくの取り組みについて、つまり、取り憑かれたように自分を愛することに集中していることについて、詳しく話す。

「それはすごいな」と彼は言う。「なんだか今までと全然感じが違う。いつからやってるんだ？」

答えるのに、ずいぶん考えなければならない。取り組み始めたのは、もうずいぶん前だったような感じがする。

「3週間くらいかな」

「声が違う」と彼は言う。「パワーがみなぎっているというか、そんな感じがする」

「妙だな」

私は答える。

「パワーという言葉を意識するようになったのは、最近だ」

彼が言う。

「話していると、きみがどんどんパワーを発している感じがするんだ」

そんなレベルにまではなっていないと思うが、そう言ってもらえてうれしい。

「まだまだ、道半ばだ。毎日、1歩ずつだよ」

「そうか」と彼は言って、少しのあいだ沈黙する。「彼女がきみを振ったとき、もしきみが今みたいであったら、きみはどんな行動をとっただろうね？」

それは考えるまでもない。

「きっとこう言ったよ――こんなことをされる覚えはない、ちゃんと話し合ってやり直そう。なぜなら、まだ互いを愛しているから。だから今のふたりがあるんだから。でももし彼女にその気がないなら、彼女の好きにさせただろう。愛を込めて。僕は素晴らしい人間だけど、何を選ぶかは彼女が決めることだ。僕じゃない」

今度は私が沈黙する。

「それに、別れたからといって、不安が生まれるのをそのままにしておくことはなかったに違いない。自分らしくあることに集中し、実際、自分らしくあっただろう」

「やっぱり、パワーがみなぎっている感じがするよ」と友人が言う。

「頬をひっぱたかれて目が覚めたような気分なんだ」と私は話す。「全身にねっとりとまとわりついていたネガティブなものが剝がされた感じ。頭痛もしなくなった。健康については、先を見越して行動できるようになってるし、必要なことは何でもする。それに回復するスピードが速くなってる。それを体のなかで感じるんだ」

「なるほど、それが自分をまるごと愛するってことなんだな」と彼が言う。

私は電話を切り、行き交う車に目をやる。そう、私は自分をまるごと愛している。そう、自分のパワーを感じ始めている。何もかもが心地よい。ただ、そこには悲しみが漂っている。抱きしめると身をゆだねてきた彼女は、もういない。彼女への愛を感じるそういうちょっとした瞬間も、もうない。彼女の私への愛を感じる瞬間も。

そんな寂しさが胸をよぎるのを、そのままにしておく。自分自身の感じるがままにさせるのも、自分を愛することだ。その後、私はジムのなかに入り、ウエイト・トレーニングに全力で取り組む。

63

目が覚めるとすぐに、私はこう思う。〈今日はどんなわくわくすることを経験できるだろう〉。

どこからともなく考えが生まれる。そして、私にとって人生がどのようなものになってきているかを、優しく教えてくれる。

64

状況がよりつらいものになってしまったのは、こんなことになるとは夢にも思ってもいなかったからだ。

いや、彼女はちゃんと話したのに、私がよく聞いていなかったのかもしれない。それとも、彼女をカンカンに怒らせることをしてしまったのか。あるいは、本当にいきなりこんなことになってしまったのかも。いずれにせよ、起きてしまったことはもう仕方がない。私は今ここにいて、また新たな朝を迎え、窓から湾を見つめている。

灰色の雲が勢いよく流れ、海は青緑に近い色になっている。係留されているヨットのマストが、風を受けて激しくゆれる。私はまた、死について考える。それは永遠の休息。多くの人が、ある日突然、目にすることになるもの。だが、死神は確かにいる。私の目の前に立ち、私の次の呼吸を待っている。

もしかしたら、死は、私が人生で手にしている最高の贈り物かもしれない。私が前進するたび、死神が一歩、後退する。いつ終わるのか、私には全くわからない。わからないが、まだ遠い先のことであるかのように私は生きている——現実には、あとわずかかもしれないとしても。

私は、何度も何度も、頬をひっぱたかれて目を覚ます必要はない。ただ、死神の眼窩《がんか》を見つめ、目的意識をもって前進しさえすればいい。次の一歩があるかどうか保証はないと、肝に銘じて。

そんなふうに生きることにすると、最高の私になるよりほかに選択肢はないのだ。

65

私はソファーに寝そべり、ユーチューブでウェイン・W・ダイアーの話を聞く。ウェインはシェリルの友人で、ふたりでよく講演をしていた。

彼が言う。

「もし、あなたの考えることがあなたの現実になるなら、考える内容に細心の注意を払う必要があります」

真実を確信している声の響きが、私は好きだ。

「素晴らしいものを引き寄せたいと思っているのに、足りないものについて話したり考えたりするなら、足りないものを人生に増やし続けることになってしまいます」

彼の話に、私はハッとなる。

「私は、自分の人生に欠けているものについて決して話しません。実現したいと思うものだけに注意を払います」

私は背筋をピンと伸ばす。次の段階への鍵を、今まさに彼があけてくれた。

「引き寄せたいものが何であれ、自分にこう言いましょう。『もうじきやってくる』と。この短い言葉を、胸に刻みつけてください」

彼の次の言葉に、私は虜《とりこ》になる。

「ものごとがうまくいかないことを暗に意味して、なぜ『運がよければ』などと言ってしまうのでしょうか。口癖のように、いつもこう言ってください——『運よく、それはふつうより早く起きるだろう』」

「するとどうでしょう。考え方を変え始めたとたん、あなたはこの新しい考えに従って行動するほかなくなります。新しい考えに従って行動し始めたら、あなたはさまざまな縁と手を取り合うようになります」

私が先日来、感じていることの核心を、彼は突いていた。人生が、私のためになるように回り始めている、ということの核心を。タブリーズがくれた地図に、二つめのウェイポイント（経路上の位置情報）が記される。

ユーチューブを見終わり、私は、ウェインがこの世を去って数年になるとしても、なんだか彼がじかに話してくれたように感じる。これは現代の素晴らしいところだ。ほかの人の英知や地図を、誰もが自由に使うことができる。それらを活かすかどうかは、私たち一人ひとりの選択である。

66

私はバスルームにいて、寝る準備をしている。鏡に映る自分を見つめ、そばへ寄る。強烈な愛が、体のなかで湧き起こる。〈わお〉、と私は思い、自分の目を見つめる。〈ああ、なんてきれいなんだ。その持ち主もろともに。どうして忘れていられたんだろう〉。

自分自身への愛が、あふれ出る。意図してあふれるものではないし、練習する必要があるわけでもない。それはただ、あふれる。

67

ところが、私の心には抜群のユーモアのセンスでもあるのか、私は明くる日に元の自分に戻ってしまう。自分に欠けているもののことばかり、私は考えてしまう。歩きまわって、なんとか落ち着きを保つ。10回の呼吸をしても、上り坂を、巨大な岩を押しながら上るみたいに感じる。けれども、どうにかこうにか自分に問う。〈「ザ・ロック」ことドウェイン・ジョンソンだったら、どうするだろう〉。

彼なら、全力でトレーニングをしに行くだろう。私はそれに倣《なら》う。とりあえず、健康には気を配っている。ありがとう、ミスター・ロック。

私はアパートに戻り、瞑想をする。終盤になり、音楽もそろそろ終わろうという頃、体の奥底で声が言う。〈このとても素晴らしいことを、おまえはやり遂げるだろう〉。その考えは確かであるように感じられる。私のなかの何かが安心する。

もし私が賢明であれば、その場にとどまるだろう。瞑想ができるだけ長く続くようにもする。10回の呼吸も繰り返すだろう。ところが、私は彼女に電話をかけ、メッセージを残す。

「今日はいろいろあって」と私は言う。「きみとどうしても話したくて」

声がふるえ始める。

「その……何だってするよ、家に――僕たちの家に帰るためなら。きみがそこにいて、僕の頭を置けるなら――きみの心臓《ハート》から程近いところに。家に」

私はよく、耳を彼女の胸に当てて鼓動を聴いていた。それが「家」だった。その家が奪《うば》い去られたような気がする。

「僕の家なんだ」と私は訴える。「きみの心《ハート》が」

私はむせび泣く。ああ、恰好《かっこう》悪い。

「ちょっと後ろ向きになってて」と私は言う。「ちょっと弱気に」

その後、私は長いあいだ、そこに立っている。友人に会いに出かけるつもりだったが、私のなかの何かが訴える。〈だめだ、ここにいろ。わからないのか。今夜がどれほど重要か〉。

そのため、私は気晴らしの外出をやめる。アパートのなかを歩きまわり、窓から外を眺め、10回の呼吸をする。押しているのは、もう巨大な岩ではないが、まだ岩ではある。こんな苦しいのはもういやだ。もう、たくさんだ。

不意に、何をしなければならないかを、私は知る。

68

私はさっとノートを手に取り、横向きにし、一心不乱に書く。

今ここに、私は誓う。全身全霊を傾けて自分を愛することを。自分の考えも、行動も、言葉も。なぜなら私は、深い圧倒的な愛にふさわしい、大切な存在だからだ。

日付を記す。それから、声に出して10回読む。5回目を待たず、私のなかの何かが変わり始める。記した言葉を、私は心に刻みつけていく。

これを毎朝、声に出して読み、そのとおり実践して生きていこう。昼間また後ろ向きな気分になってしまったときにも、全力で声に出して読もう。なぜなら、この誓いにはその価値があるから。私にふさわしいことだから。

69

苦しみは、まるで弩《いしゆみ》のように、私を放つ。どこへ向かうかは、私が選ぶ。だが、放たれる矢と同様、やがて私はエネルギーが尽き、失速してしまう。苦しみは私を、それほど遠くへ連れていくことはできない。

私を押すのではなく引っぱってくれるものが、私には必要だ。私が自分の持っているものを与えるかぎり、それは私に同じことを返してくれる。それとは、誓《い》いだ。

自分に対する誓いは、純粋で神聖な行為である。私は、自分の誓いを見つめていると、まだペンを走らせている段階であるにもかかわらず、宇宙に少し影響をもたらしているような気がする。これこそが、誓いのパワーである。

70

誓いを立てて30分と経たない間《ま》に、彼女から電話がかかってくる。愛について、どちらにも言いたいことが山のようにある。私は怒鳴る。結局、何も変わらない。彼女は彼女の立場を譲《ゆず》らず、私は私の立場を譲らない。

電話を終え、私はノートに書いた誓いを見つめる。何かが心に引っかかっている。

彼女は私に言った。

「たぶん、あなたは私を、私があなたを愛する以上に愛してくれているのね」

その言葉が頭のなかで響き渡り、とうとう私は自己嫌悪を覚える。必要なのは、自分を第一に考えること。この誓いがあれば、それを確かに実行できる。

私は長い時間をかけて冷たいシャワーを浴びる。リビングに戻り、窓の向こうの闇を見つめ、それからひざまずく。祈りとは少し違うが、とにかくそうする。

「神よ」と私は言う。「私より大きなものよ、人生よ……この状況を、私はあなたにゆだねる必要がある」

しばし間《ま》を置き、心の奥底を探る。浮かんでくるものに少し驚くが、心とはそういうものだ。

「私の望みは、彼女と私がともにいて、喜びにあふれていること。素晴らしい人生を、ともに歩むことだ。それが私の望み。この望みを、あなたにゆだねる」

その言葉を行動に移す。肩にのしかかっていた重荷が取り払われる。どんな結果になろうと、構わない。今この瞬間から、私はこのことだけに集中する——ただひたすら、誓いを守ることだけに。

71

昨年、私が顧問を務めていた会社が売られてしまった。私は創業者たちに、少し待つように言った。ようやく市場で影響力を持ち、業績も毎月、右肩上がりで伸びてきている。

今の行動を続ければ、最高の会社をつくることができる。最悪の場合でも、今売った場合に提示されるよりはるかに高値で売却できるだろう。

だが、彼らは会社を売ってしまった。数カ月後、CEOが電話をかけてきて言った。あなたの言うとおりだった、と。いや、株式を売り、会社を売却するのは別にいい。実際、誰もが金を手に入れた。ただ、ここには「よい会社」と「真に優れた会社」の差が示されている。

よい会社は、条件をそこそこ満たせば売却してしまう。一方、真に優れた会社は辛抱強く、規律を乱さない。よい会社になってもそれで妥協せず、ひたすら前進するのである。起業家の活動を見れば、そのような例は枚挙《まいきょ》にいとまがない。起業家はゼロから始め、立派な会社を築く。彼らには共通点がある。皆、創業者としてビジョンを持っているのだ。

今朝、誓いを声に出して読んでいるときに、私は気がついた。誓いもまたビジョンだ、と。誓いに妥協はなく、あなたは全力で臨むことになる。もし倒れても、立ち上がって目指すべきものが、誓いによって与えられる。あなたは泥を払って立ち上がり、ふたたび誓いに取り組む。誓いはあなたを、真に優れたあなたへ導いてくれるのである。

72

ゆだねることは、あきらめることではない。私の望みを、「私より大きなもの」に引き渡すだけだ。すると意外なことに、その行為そのものによって、ほしくてたまらない気持ちが落ち着く。

熱帯雨林で蝶《ちょう》が舞い、その影響が巡りめぐって、遠く離れた地球のどこかに津波を起こす。人生は、私が頭で理解できるよりはるかに広大だ。私はこのことを信頼しなければならない——人生は、私には想像もつかない素晴らしい方法で、必要なものをもたらしてくれる、と。

73

私は、許しを行った場所へ歩いていく。曇り空の晩。午後に雨が降ったために駐車場は濡《ぬ》れ、太陽はすでに沈んでいる。私は短い距離を全力で何度か走る。あいだの休憩時間には、自分を愛するいつもの呼吸を行う。

その後、防波堤に腰を下ろし、眼下の岩にぶつかる波音に耳を傾ける。ほんの数日前に手放したものは、私のなかで跡形もない。人生がそれを私から受け取ってくれた。私はいまだ胸に残るほかのわだかまりを思い浮かべる。それから、手のひらを広げ、思い浮かべたものを落とすのを感じる。すべてが、とてもシンプルだ。

闇が深くなっていく。ジョギングをする人たちが懐中電灯を手に、走りすぎていく。私は、彼女のことを思って恋しさが募り、手のひらを、今度は大きくひらいて、「私より大きなもの」にそれをゆだねる。こうするほうが、頭のなかで要らぬおしゃべりをするより、はるかにいい。

ウェイン・ダイアーの言葉を思い返し、私は笑みを浮かべる。〈運よく、それはふつうより早く起きるだろう〉。そう考えるのは、気分がいい。現実味もある。

それしかない。何につけても、人生が輝く考えを信じよう。まず心のなかを変えて、自分をにっこり微笑ませる考えを選ぶかどうか、それは私の責任なのだ。

74

ある友人から携帯メールが届く。バリ島に移住した友人だ。

「僕のガールフレンドがシータ・ヒーラー／セラピストのところに通ってるんだけど」と、書いてある。「なんか、すごいらしいんだ。それで僕からきみにセッションをプレゼントしたい」

シータなんとかというのが何なのか全くわからないが、別に構わない。人生がプレゼントを送ってくれたら、受け取ろう。

「ちょっと独特だよ」。注意を促される。「いいか？」

私は人生の大半を北カリフォルニアで過ごした。超自然現象でも何でも来い。

気づけば、私はバリ島ウブドの金髪のスウェーデン女性エリカによるスカイプ・セッションを受けている。エリカは周囲に心を砕《くだ》く人、温かく思いやりにあふれる人だ。彼女みずから光を放っているようである。

何と言うか、予想に反し、私は輝くような素敵な人と話すことになる。

彼女は、ひととおりプロセスを説明し、私の思い込みについていくつか質問をする。すると言葉が、私の口をついて出る。

「誰もが私から離れていきます」

いつのまにか、私は話している。

「私が女性を深く愛すると、その女性は必ず去っていくんです」

出てくる言葉に我ながら信じられない思いだが、納得はいく。記憶にあるかぎり、それがいつものパターンだった。

「彼女も、です」と私は言う。「私は彼女を愛していた。どう考えても間違いなく。そして彼女も私を愛してくれていた。断じて、こんなことになるはずがなかった」

私は、子ども時分に母が出ていったときのことを、エリカに話した。父の暴力がひどくなり、母が忍耐の限界に達してしまったことを。母に触れることができないことがどういうものであるかを。ただ、それは私がすでに解決済みだと思っていることだった。

さらに言えば、母は戻ってきた。なのになぜ、パターンということになるのだろう。

エリカは私を、人生のほかの時点にも連れていく。父、小児性愛者、昔の彼女、それらすべてのなかに、同じ思い込みが、のたくる蛇のように、しつこく居座っている。

もういやだ、と私は思う。それが私のフィルターなら、人生がダメになってしまうのは当然だ。

「うんざりします」と私は訴える。

「オーケー」

エリカが答えて微笑む。

「手放すときが来ました」

エリカはシータ・ヒーラーとしてするべきことをする。果たして、私は自分が古いフィルターを手放すのを確かに感じる。消えるのだ。ふっ、と。その後、私たちは新たな思考パターンづくりに取りかかる。私はリストを見てじっくり考え、これを選ぶ――「私は最高に素晴らしい人間だ。私が愛する女性は、私を心から愛し、私とともにいる。そして私たちはこのうえなく幸せに、ともに暮らす」

それから私は、彼女のことを話す。いろいろあっても、古いパターンを手放しても、やはり私は彼女を愛している。

「彼女は何か問題にぶつかっていると言っていました」と私は話す。「私のことではない、とも」

エリカは目を閉じ、長いあいだ沈黙する。

「じゃあ、彼女の言葉を信じてあげて」

ようやく、エリカが言う。

以前なら、そんなの無理だとしか思えなかった。不安が、すべてを取り仕切っていた。だが今は、自分を愛しているために、不安の力が弱まっている。

「わかりました」と私はうなずく。「何があろうと、私は彼女を愛しています。私は自分の心をあるがままにしておかなければなりません」

数日後、友人から携帯メールが届く。

「ガールフレンドがスーパーマーケットでエリカに会ったんだけど、きみに刺激を受けたって言ってたらしいよ」

私はその言葉を、理解したとおりに信じる。褒め言葉を軽視してばかりいた以前の私は、もういない。人生が差し出してくれる贈り物を、私は受け取る。それから、リストを取り出し、書き加える。「私はヒーラーに刺激を与える」、と。

75

夜。私はソファーの上で丸くなり、街灯に照らされる土砂降りの雨を眺める。コンテナ船が湾を静かに進み、橋をくぐり、広大な太平洋へ向かっていく。

1カ月近くのあいだ、私はテレビも見ず、ニュース記事も読まず、ソーシャルメディアのチェックもしていない。ありとあらゆる気を紛らわせるものに、夢中になろうと思えばなれただろう。だが、そうはせず、私は苦しみに立ち向かい、自分の心身を鍛えた。書くことに、この経験から何か特別なものを生み出すことに、全力を注いだ。

この男は、これほどの苦しみを乗り越え、見違えるほど素晴らしい人間になるだろう。

自分を愛していると、こういうことが起きるのだ。

76

別の、あるつらい日。彼女のいない寂しさに、胸にぽっかり穴があいたような気がする。私はマットに会って経過観察を受けるため、ウーバーを頼む。ドライバーは、私をまっすぐに見ようとしない。ふと、ドライバーの顔と両手に、火傷《やけど》の痕《あと》があることに気づく。

到着まで1時間ほどかかるので、考えに没頭する時間が生まれる。私は10回の呼吸をするが、生き残りモードになっているときは回数が増える。ハイウェイ280号線を進む車が徐々にスピードを落とし、私はハンドルを握るドライバーの手をじっと見つめる。

誰もが傷を負っている。体の外であれ内であれ、傷を持っている。自分の傷に意識を集中すると、ずっと闇のなかにいることになる。古いパターンに戻ってしまう。私は、「実現したいと思うものだけに注意を払う」というウェイン・ダイアーの言葉について考える。それは、光に意識を集中する考えだ。

マットのオフィスで、リサが私の採血をする。終わると、私の肩に手を置き、しかとつかむ。微笑みを、浮かべている。それが私に必要なことだと、感じたに違いない。

人生は絶えず、私に愛を与えてくれている。だから私はそれを受け取る。

77

正直に言おう。私は長いあいだ、怠けて漫然と過ごしていた。時間がとれたときや余裕のあるときにしか、瞑想をしなかった。ラグをめくられる空想をした日より前で、最後に毎日、自分を愛するトレーニングをしていたのは、いつだっただろう。

人生が順調に進み出し、私は怠けるようになった。さらには、ラグをめくられる空想をし、うまくいっていることではなくうまくいっていないことに意識を集中するようになってしまった。そうなるのは当たり前だった。心に順応性があるのは、体と同じだ。運動を1年間やめてドーナツばかり食べて暮らしたらどんなことが起きるか、考えるまでもないだろう。

真に素晴らしい私になるために続けなければならないときに、私は自滅《じめつ》してしまった。その責任を取らなければならない。さらに言えば、好むと好まざるとにかかわらず、私は体をゆさぶって目を覚まさせてもらっている。これを活かさなければならない。つらい日々はまた来るだろう。だがそのとき、昔の私に引き戻されてはいけない。

誓いはすでに立てた。その使い方も知っている。次のステップは、一連の習慣をつくって、誓いを確実に実践すること。ちょうど、歯を磨くように。そうすれば、どんな嵐が来ようと、常に前進できる。

78

心を観察すると、その人の運命の全体が見える。心に何を思うかで、すべてが始まるのだ。そのため、心によい習慣づけをすることが、きわめて重要である。

79

私は、誓いを守るために日課としてすることを、書きとめる。目が覚めるとすぐに、10回の呼吸をする。その後、コーヒーを飲んで誓いを声に出して読み、それから瞑想をする。シャワーを浴びるときに、10回の呼吸。歩いているときや仕事の合間にも、10回の呼吸。ジムでは、トレーニングとトレーニングのあいだの休憩時間に10回の呼吸。寝る前には、鏡に映る自分の目を見つめ、自分のなかで何かが変わるまで、「私はわたしを愛している」と言う。ベッドに入り、うとうとしながら、10回の呼吸。

そんなにたくさん、覚えきれないんじゃないかって？ そんなことはない。起床後と就寝前は、やると決めたひとつのことに、一心に取り組む。そして日中は、つまらないことが心に浮かぶたびに10回の呼吸をする。それだけだ。

これが私の最低限のライン。つまり、誓いを守るために、何が何でもやり抜く日課だ。このようにして、つらいときでも、「溝」を深くし続けていく。私は、それだけの努力を傾けるにふさわしい、大切な存在なのだから。

ある本の著者が、こう書いていた。自分はアファメーション（自分に対する肯定的な宣言）を使うことによって、ほしいものを何でも手に入れている、と。彼は毎日、「私、○○は〜します」と15回書き、それからほしいものを声に出して言った。きわめて論理的な人だが、興味を引かれてやってみたところ、成果があったので取り入れたのだった。

ただ、読者を納得させられるだけのものは何も提示されていなかった。アファメーションはその本のテーマではなく、あとから付け足したようなものと言ってもいい。彼が戸惑ったことには、その本は大勢に共有されていった。まあ、成果の出る真実が見出されたら、共有されるのはやむを得ないだろう。

彼は真実について論理的な説明を試みた。そして、アファメーションをすると、注意を払うべきものに心を集中できるようになる、と述べた。筋の通った説明だった。一方で彼はこうも述べた。アファメーションを使って手に入れたものの多くは、自分の力でどうにかなるものではなかった。それなのに手に入った、と。

私は彼に会って、ディナーをともにし、アルコールを飲みながら、アファメーションについて尋ねた。

「すべて真実ですよ」

彼はそう言った。じかに会ってみると、彼は論理的な解釈を全くしなかった。説明不可能な現実の仕組みが使われている。それが、彼の考えだった。

なるほど。私たちは人生を論理的に解釈できるが、心の奥底では、もっと大きなものを切望している。その大きなものとともに流れていくことを、強烈に願っている。そのための方法が見つかると、話せば笑われるに違いないと不安に思いつつ、安堵《あんど》する。塹壕《ざんごう》に無神論者はいない（極度にストレスの高い状況では、誰もが神を信じ、その力を頼むようになる）のだろう。

では、自分をまるごと愛するという、ひたすら繰り返す行為についてはどうだろう。これはアファメーションなのか。そうかもしれない。脳内の神経回路を新しくすることだろうか。いや実のところ、発火するニューロン同士が結びつくのは周知のとおりだ。ニューロンを興奮させて、結びつきを強めれば強めるほど、回路がいっそう強固になり、おのずと発火する。それは間違いない。筋も通っている。

だが、これによって、私の人生に起きている変化を説明できるのだろうか。チャンスが降って湧いたり、どうすれば起きるのか私にはわからないことがひとりでに起きたりするのを。いや、可能かもしれない。一つひとつを取り上げ、細かく検証し、論理的に説明できるかもしれない。

だが、そんなことをして何になる。私の信じる気持ちはいわば拡大鏡で、人生をひときわ輝かせてくれているのだ。

人類が持っている地図と信念を、私は使うことができる。私は、心に響くものを選び、何が何でもやり抜く覚悟で取り組まなければならない。人生は、私が次のように言って態度を明確にすると、報《むく》いてくれる。

「これが私の信じるものだ。私はこれを毎日、全力で実践しよう」

怠けて漫然と過ごしていると、人生は報いてくれない。それが、私が学んだ真実である。

80

ジムに着く。体調はすでに、過去最高と言えるくらいにいい。食事は、いつどんなときも適切だ。誘惑に負けてルールを破りそうになったら、私は必ず自問する。〈もし、自分を愛しているなら、私はどうするだろう〉。

答えは明らかなので、私はそのとおりのことをする。

答えのとおりに行動するたび、私は、自分のために愛に満ちた選択をするという回路を強固にする。それは以前もしていたことだが、レベルが全く違う。これが、全力で誓いを守っているときに起きることだ。

一度、自分の心にじっくり目を向けてみよう。すると、心が絶えず問いに答えていることに気づくだろう。どんな問題にこの先ぶつかるだろうと問えば、答えとして心は不安を口にする。何が足りないのだろうと問えば、答えとして心は苦しみを訴える。放っておくと、心が、光ではなくネガティブな闇へ向かうものであることに、あなたはきっとすぐに気づくはずだ。

そのため、心にパワーを与える問いを、意識して自分にする必要がある。自分のためになる、愛に満ちた選択につながる問いを。これをしばらくやってみよう。すると、そのような問いをする必要が徐々に減っていく。答えたとおりを実践して生きると、それが習慣になるのである。

81

何年も前のこと、ディナーをともにしていた女友だちが言った。一度死んで、生き返ったことがある、と。本当に、臨床的に8分間死んだのだという。私は尋ねずにいられなかった。

「何か起きた？　その……死んでいるあいだに」

彼女は首を振った。何も覚えていない、と。それから、あたりを見まわし、フォークを置いて、ささやくように言った。

「ここが天国ってことはないかしら」

彼女が、後ろに身をそらし、私を見つめる。

「死んだのよ、私」と言う。「ここがあの世じゃないって、言い切れる？」

これを、時が止まるというのだろう。私は誰かに頭をガツンと殴られた直後のような気がした。ふたりとも、しばらく黙り込む。

「だから私、そういうふうに生きているの」

ようやく、彼女が口をひらいた。

「この世は天国。パラダイスね、というふうに」

それは最強の思い込みである。

82

私はマットのオフィスを訪ねる。マットはいないが、私はビタミンをはじめ、体によいものを点滴してもらおうと思う。なぜか。セルフケアは、自分を愛することだからだ。

リサが部屋に入ってきて、点滴の用意をする。

「あら、かわいい」

窓辺の花を見て、リサが言う。

彼女は、ホットパックをしごくようにして私の腕の下に置き、私の手にそっと針を刺す。それからこう話す。今朝ズンバのクラスを受けたの。あれをすると一日中、気分がいいのよ。

不意に、彼女の表情が穏やかになる。そのジムでは、かつて息子もトレーニングをしていた。彼女がときおりクラスを受けるとき、ガラスの壁越しに息子がトレーニングするのを見ていたのだった。

「みんなに、少し減らしたらって言われるの」と彼女が言う。「どこもかしこも、携帯電話も、息子の写真だらけだから。私は減らすなんていや。息子は私の一部だもの」

彼女は、針に管をつないで点滴を開始し、次いで赤い布で私の手をくるむ。そのあとで、ため息をつく。

「でも、やっぱり私……」

この世はパラダイスねと、かつて彼女は言っていたのだろうか。私は尋ねない。

彼女は、この世界にいる。そして今も、日々素晴らしい時間を楽しみ、患者に微笑みかけ、愛に満ちて優しくケアしている。彼女は、自分の存在によって、ささやかな楽園《パラダイス》を生み出している。

「今週、よっぽどタトゥーをしようかと思ったの」。彼女が言う。「結局しなかったけど、いつか入れるつもり。手首なら、名前か鳥か、どちらがいいかしら」

「鳥かな」と私は答える。「でも、もっといいのはシンボルだ」

私は、私のいちばん好きなシンボルについて、彼女に話す。泥のなかから茎を伸ばし、光に向かってひらく、ハスの花について。

彼女がにっこりする。「シンボル。確かに」

彼女は不要になったものを集めて部屋を出ていく。私は、自分のシンボルについてもう一度思いを巡らす。ハスの花は、無理にひらいて光を得ようとしたりしない。逆だ。光がハスの花をひらかせるのである。

自分をまるごと愛するために私がしている取り組みにはすべて、ひとつ上の段階がきっとある。その段階に、無理は存在しない。抗《あらが》って戦うこともない。はじめから私のものだった愛を、ただ受け取る。

83

そこで、私はそうする。夜、ベッドに入って、眠りにつくまで10回の呼吸をする。ただしこのとき、何ひとつ無理に行うものはない。私はより深くゆっくり息をし、愛が入ってくるのを感じる。何も抗ったりしない。私のものを、ただ受け取る。

私は、笑みを浮かべて目覚める。その後すぐに、10回の呼吸をする。愛を、光を、受け取りながら。

84

なぜ10回の呼吸をするのか。まず、10回というのは、数として覚えやすい。なおかつ、毎回ほんの少し変化を生み出せるくらいに多く、どんな言い訳もできないくらいに少ない。

何より重要なことに、この呼吸をすれば、自分を愛するという誓いにたゆみなく取り組めるようになる。ただし、10回の呼吸を一日数回すれば万事オーケーということではない。それは最低限だ。また、打ち込んで取り組めば取り組むほど、受け取るものも増える。

ともかく、10回の呼吸を何回か、10分間ノンストップで行おう。時間つぶしにはなるが幸せにつながるわけではない行動の代わりに。これはあなたの癒やし。そしてあなたの人生だ。自分にふさわしい心遣いを、自分自身に与えよう。

85

10回の呼吸を何回か、10分間ノンストップで行うには、夜がいちばんだ。ベッドに入り、一日を終えようとしているときのほうが、愛をすんなり潜在意識に積み重ねることができる。私はタイマーをセットする。それから、息を吸うたびに、胸をふくらませ、愛と光に入ってきてもらう。息を吐くときには、心に浮かぶものをすべて手放す。それだけ。

息を吸うときには、「私はわたしを愛している」と繰り返し言うときもある。言わないときもある。いずれにしても、自分がそのことを感じるがままにする。やがてわかってくる――感じること、それが最も大切な部分であることが。

これは、長年のうちに全身にまといついたネガティブなものや後悔を取り払う素晴らしい方法にもなる。心の重荷は、未来へ持っていくより、今ここで下ろすほうがいいのだ。

86

2日後にニューヨークへ発とう、と私は思う。マンションに入り、彼女のものが何もなくなっているのを想像する。空《から》っぽのクローゼット。どんな感じだろうと思うが、全くわからない。ただ、これだけはわかっている。何があろうと、私は本当に素晴らしい人間で、ふたたび自分を愛し始めたということだ。

これはきっと新たな出発点になる。ここから、私は全力で、自分をまるごと愛していこう。

87

私はふたたびマットのオフィスを訪ねる。明くる朝、発つ。私はリサを見かけて、持ってきたプレゼントを渡す。購入したばかりの、ビタミンDの生成を促す照明装置である。先週、彼女が話していたのだ。装置一式を借りて使ってみたところとても気分がよくなったので、お金を貯《た》めて買おうと思う、と。

「いいの？」

装置を抱きしめんばかりにして、彼女が聞く。

「少しお支払いしてはダメかしら」

「プレゼントだから」

と私は答える。

「喜んで受け取って」

「プレゼントって、私はあげるほうがラク」

リサが言う。

「もらうのはね……」

「それならなおのこと、受け取るべきだよ」

私はふたたび、本来の私になっていく。よく笑う。与える。私はさまざまな意味で、ほんの1カ月前より上向いている。私の心はいまだ傷ついているけれども、こんなにも深く愛する心というのは、きっと誰かの心と通じ合えるだろう。それもまた、素晴らしい。

私はまだ、はじめの一歩を踏み出したばかりだ。そのことを、私は承知している。自分を愛する時間が長くなればなるほど、影響は幾重《いくえ》にも広がっていくのだ。それはそうと、私はもっと早くに、より素晴らしい自分になることができたのだろうか。

正直なところ、答えはイエスだ。私は心の声が告げるアドバイスに耳を傾けるべきだった。そうすれば、ただちに、自分を許して誓うことができただろう。自分を許して誓うという行為には、何か特別な力がある。それをしたとたん、自分にとってプラスになるように、人生が変わるのだ。

ただ、私は怠けて漫然と過ごしていた時間があまりに長かった。当然ながら、するべきだとわかっていることではなく、うまくいかなかったことで頭がいっぱいだった。心というのは、そのように扱いが難しい。自由にさせておくと、私たちが最も必要としているものを後回しにしてしまうのである。

まあ、いい。そのことに関しても、私は自分を許す。それが、自分をまるごと愛するということだ。

88

ところで、一体どのような仕組みで、一連のことが起きるのだろう。自分を愛すると決心したら、宝くじの当選券が大量に降ってきて、もう何も心配する必要がなくなるのだろうか。いや、実際に起きることは、もっと素晴らしく、そしてひとことでは説明がつかない。ものごとが、何でもうまくいくようになる。あなたの手の届かないところにある経験やリソースが、あなたを見つけてくれる。そんなことが起きるのを、私は何度となく見てきた。

ただし、経験やリソースへ、自分から近づかなければならない。それらが連れていってくれるところへ、行く必要もある。もし、どうすればいいかわからなくなったら、自分がしようとしているこの行動は、愛と不安、どちらの心からだろうかと自問するといい。答えがいつも愛になるようにしよう。

自分を愛すると決心すると、もうひとつ起きることとして、心のなかでそっと合図をもらえるようになる。これは瞑想しているときに多い。すべきこと、連絡を取るべき人、言うべき言葉、これらを教えてくれる声に耳を傾けよう。それはあなたを導く人生の声だ。

また、心とのやりとりにおいて、あなたは正直かつ真剣になる。心はとても重要なので、注意散漫になって会話をつまらないものだらけにしてしまうわけにはいかないのだ。あなたはいつのまにか、長年考えていたこと、ただし心がそれをどのように受けとめるかを不安に思って言わずにいたことを話している。思いやりをもって伝えよう。むろん、考えがぶつかるときもあるだろう。しかしながら、ぶつかると、なぜか心との関係性が全く違うレベルへ高まっていく。

心とのやりとりが本物になると、自分の人生に入ってもらってよい相手かどうかを見抜く力が高くなる。相手の意図について、自分の心に確認し、許可を得るようになるのだ。弁解は結構。胸算用《むなざんよう》も要らない。言い訳もお断り。なぜなら、そのような意図はいずれあなたによからぬ結果をもたらすから。あなたの人生はとても大切なので、程度の低い意図が入り込む余地はない。

あなたの不安は、多くが、いつのまにか小さくなる。とどのつまり、それらは古い思考のループにすぎない。あなたは、蛇が実は幻だとはっきり気づき始める。どうしていいか困ったときには、その考えは愛から生まれたのか、それとも不安から生まれたのかと自問しよう。そのように問えば、問題は解決する。

最大の変化は、手放し始めることだ。自分のせいだと思っていること、誰かほかの人のせいだと思っていることを。罪悪感、恥、胸の痛みを。不要な苦しみを。心の重荷を下ろすと、とたんに、真実に気づく——すべては頭のなかで生み出した幻想だ、と。残るのは、生まれ変わったあなた、自分を愛するあなたである。さあ、ここからだ、あなたの人生は。

最後に、感謝の気持ちを持つ瞬間が、自然に生まれるだろう。ときには、不意にその気持ちが湧き上がることもある。あるいは、自分にとってプラスになることが次々起きるために感謝する場合もある。

あなたは、完璧な人物になるのだろうか。人間であるかぎり、それはない。ただ、以前よりはるかに素晴らしいあなたになる。そうなったかどうかは、どうすればはっきりわかるのか。簡単である。自分が考えている内容に注意を払うのだ。さらに言えば、どんな考えを持つかによってどんな運命をたどるかが決まるので、考える内容が変われば、それに従って、現実に起きることも変化する。

かつてヒポクラテスはこう述べた。
「汝《なんじ》の食事を薬とし、汝の薬は食事とせよ」
少し変えて、こう伝えたい。
「汝の考えを薬とし、汝の薬は考えとせよ」と。

89

みなさんのためにポイントをまとめるとしたら、どう言えばいいだろう。

まずは、これだ――必要になるまで待っていてはいけない。今すぐ始めてほしい。何が何でもやり抜く覚悟で、自分を愛することに取り組もう。

最初の一歩は、自分を許すこと。これによって、過去を水に流すことができる。次に、誓う。つまり、どんな人間になるかについて、自分自身と人生に宣言する。これは、その後を決める、特に重要な行為だ。そして、誓いを守るために必要なことを全部やる。愛に歩み寄ろう。すると、それに応えて人生が上向く。

次はこれだ――怠けて漫然と過ごしてはいけない。どんなに状況がよくなっても、どんな言い訳を考えついても、気をゆるめないこと。全身全霊を傾け、何度も、何度でも、取り組もう。

そして、もうひとつはこれだ――本書からの学びを、シェアしてほしい。経験をシェアすると、あなたはいっそう素晴らしいあなたになり、世界もよりよくなる。シンプルに、そういうこと。

90

雨降りの、朝のサンフランシスコ。荷造りは済み、部屋の片付けも終わっている。そろそろ空港へ向かう時間だ。私はカップに水を注ぎ、最後にもう一度、例の観葉植物のほうへ歩いていく。その様子を目にして、私は笑顔になる。大きな姿のなかの、枯れたように見える枝のあいだに、つやつやした明るい緑色の葉が2枚、ひらいている。2枚とも、同じ場所から。ハート・マークみたいに。

見とれて、私はしばらくその場に立ち尽くす。愛を与えれば、人生は応えてくれるのだ。

おわりに——**カマルより**

本書を有意義だと思ってもらえたなら、ぜひレビューを書き、シェアしてください。この本を必要としている人のもとに届きやすくなります。そうなれば、とてもうれしいです。ありがとう。

また、私宛てのメールは　k@founderzen.com　へ気軽にどうぞ。

訳者あとがき

カマル・ラヴィカントによる、多くの人に影響を与え続けている作品をお届けします。

数年前、カマルは本書のオリジナル版を自費出版しました。その本がたいへんな反響を呼び、30万部超えのベストセラーになります。カマルのもとへは、感想や質問のメールが数多く寄せられました。それらのメールに答えて、あらためて出版されたのが本書です。刊行は、今年初め。Amazon.com でのレビュー数は、実に3290を超えています（2020年9月3日現在）。

第1部は、オリジナル版の増補版です。カマルの言う「自分を愛する」とは、自分を好きになるとか大切にするといったレベルを超えて、死に物狂い、あるいは全身全霊で、自分をまるごと愛するということです。そんなふうに自分を愛さなければと思うようになった経緯《いきさつ》を話しつつ、カマルはそのように愛するための具体的な方法を教えてくれます。カマル自身が編み出し、実践し、その人生が圧倒的な輝きを放つようになった方法です。カマルの人生だけではありません。同じことをしたほかの人たちの人生も、同様に輝いています。

第2部は、読者から寄せられた質問のメールをもとに、オリジナル版を掘り下げ、新たに書かれています。自分を愛するためには、その言葉をひたすらみずからに言い聞かせて、頭のなかに新しい思考の流れをつくる必要がある、とカマルは言います。オリジナル版と少し重複する第2部ですが、同様の、ただしいっそう濃い内容を繰り返し読むことは、新たな思考の流れをつくる手助けになるでしょう。また、理解が深まり、カマルの実践法を、みなさんも生活に取り入れ、習慣化しやすくなるのではないでしょうか。

自分を愛する。

それは、立ち止まってじっくり考えたい言葉であり、心を引かれるフレーズでもあります。自分を愛しているとたとえ信じていなくても、とにかくその言葉をみずからに繰り返し言い聞かせて新しい思考の流れをつくる、という論理にも納得がいきます。カマルはそれが自分の真実である、本来の自分である、と言い切ります。自分を愛することが、真実。本当の自分。誰にとっても……。

人は、一生をかけて自分探しの旅をします。それは自分を愛する旅、と言い換えてもいいかもしれません。

よく言われることですが、この世界はすべてがつながり、融け合っています。そして私たちは本来、完璧な存在です。ただ、この世に生を享《う》けるにあたり、光と闇の部分を持ちます。

闇の部分をなくすことは、つまり、こころの成長です。究極的に行き着くところが、愛であり感謝でしょう。そして、私たちは本来、完璧な存在なので、こころが成長すれば、闇の部分がなくなって完璧な存在に、もともとの自分に戻ることになります。

けれども、もし自分を愛していなかったら、みずからを素晴らしいと思っていなかったら、自分で自分にストップをかけてしまい、闇の部分をなくすことに支障が生じます。だから、自分についてのネガティブな思考を、心の重荷を手放し、自分を許すことから始まるのでしょう。そう考えると、人というのは、自分を愛するため、自分のすべてを「これでいいのだ」と受け容れるために、人生を生きているのかもしれません。本来の自分に帰ることと自分を愛することが同じであるというのも、合点がいく気がします。そしてこの状態に至れば、人生の流れに乗り、驚くようなミラクルが起きます。

……というような理屈にはほとんど触れることなく、カマルは自分を愛するための、ひいては人生を劇的に変えるための具体的な方法を教えてくれます。確実に結果が出ることを自身で確かめ、何年もかけて編み出したものを、惜しげもなく。できるだけ多くの人の人生が輝くようにと願ってのことです。その方法はラクではないかもしれません。けれど、たった1カ月頑張れば、人生をがらりと変えることができます。カマルは、自身のその1カ月についても、とてもプライベートな体験に踏み込み、第3部で語ってくれます。

著者カマルは、インドで生まれ、子どもの頃に母親と弟とともにニューヨークへ移り住みます（ちなみに、この弟は知る人ぞ知るエンジェル投資家です。起業家と投資家を結びつける巨大SNS、エンジェルリストの共同創業者でもあります）。

その後、カマルは、アメリカ陸軍歩兵になるべく訓練を受けたり、ダライ・ラマの僧院でチベット僧侶とともに瞑想したり、パリで暮らしたり、熱気球からバンジー・ジャンプをしたり、はたまたスペイン巡礼をしたり（ピレネー山脈からすべて歩くと、約885キロメートル！）、多彩な経験をします。シリコンバレーで起業家としても活躍しています。

一方で、書くことに高い関心を持っています。わけても、人生を向上させる本の執筆に情熱を傾けており、本書のほかに、『Live Your Truth』と『Rebirth』の2作を上梓しています。

最後になりましたが、この素敵な本を翻訳するご縁をくださった河出書房新社の拣木敏男さん、カマルの思いを日本の読者に届けるべく、いつも丁寧なアドバイスをくださった、同じく河出書房新社の飯島恭子さん、本書の完成までに関わってくださったすべての方に、心からお礼を申し上げます。本当にありがとうございました。

二〇二〇年九月

野津 智子

［著者プロフィール］

カマル・ラヴィカント Kamal Ravikant

ダライ・ラマの僧院で、チベット僧たちと瞑想したことがある。アメリカ陸軍歩兵師団に所属したり、パリで暮らしたり、550マイル（約885キロメートル）におよぶスペイン巡礼の旅をしたりといった経験も持つ。また、起業家および投資家として、シリコンバレーでも特に影響力の大きな人々と仕事をし、いくつかの会社を共同で設立している。ニューヨーク・シティ在住。

Instagram: @kamalravikant
Twitter: @kamalravikant

［訳者プロフィール］

野津智子（のづ・ともこ）

翻訳家。獨協大学外国語学部フランス語学科卒業。主な訳書に、『謙虚なリーダーシップ』『［新訳］最前線のリーダーシップ』『チームが機能するとはどういうことか』『サーバントであれ』『シンクロニシティ【増補改訂版】』（以上、英治出版）、『仕事は楽しいかね？』（きこ書房）、『やってはいけない７つの「悪い」習慣』（日本実業出版社）、『夢は、紙に書くと現実になる！』（PHP研究所）などがある。

Japanese translation rights arranged with
HarperOne, an imprint of HarperCollins Publishers
through Japan UNI Agency, Inc., Tokyo

死ぬ気で自分を愛しなさい

2020年10月30日　初版発行
2021年８月30日　３刷発行

著　　者　カマル・ラヴィカント
訳　　者　野津智子
発 行 者　小野寺優
発 行 所　株式会社河出書房新社
〒151-0051 東京都渋谷区千駄ヶ谷2-32-2
☎03-3404-1201(営業)　☎03-3404-8611(編集)
https://www.kawade.co.jp/

ブックデザイン　轡田昭彦＋坪井朋子
印刷・製本　三松堂株式会社

Printed in Japan
ISBN978-4-309-24977-3